MODERN HEBREW CONVERSATIONS
Sangmoon Yoon

현대 히브리어 회화

윤상문 지음

도서출판 한글

목차
C O N T E N T S

통신수단

호텔과 식당

관광과 쇼핑

공공기관과 상점

서 문

A.D 70년 이후 2천년간 나라없이 전 세계에 흩어져 유랑생활을 했던 유대인은 1948년에 '젖과 꿀이 흐르는 약속의 땅'에 이스라엘이라는 나라를 다시 세웠다. 세계 역사상 한 민족이 패망한 이후 이렇게 오랜 기간이 흐른 후에 끈질기게 다시 나라를 세우는 예는 찾아 보기 어려울 것이다. 유대인들은 오랜 숙원이었던 자신들의 땅만 되찾은 것이 아니라, 그들의 고유 언어인 히브리어도 다시 찾았다. 현대적인 언어 개념이 없어서 생활언어로 사용하기에는 어렵다는 비평을 받았으나, 히브리어는 오늘날 정치, 경제, 문학, 과학 등 모든 분야에서 자연스럽게 사용되고 있다. 세계 인구의 0.3 %를 차지하는 소수의 유대인은 역대 3백명의 노벨상 수상자 중 각 분야에서 세계에서 가장 많은 93명의 수상자를 배출했다.

또한, 이스라엘에는 우리가 잘 알지 못하는 세계 100위권 안에 들어가는 유명한 대학들이 있다. 1925년에 세워진 히브리 대학을 포함하여, 텔아비브 대학교, 바르일란 대학교, 하이파 대학교, 벤구리온 대학교, 테크니온 연구소, 바이쯔만 연구소, 예루살렘 루빈 연구원, 베잘렌 연구원 등이다.

저자는 새로운 2000년을 맞이하여 이스라엘 대한 관심이 증대하고 있는 시점을 계기로 국내에서는 처음으로 현대 히브리어 회화책을 만들어 내고자 마음을 먹었다. 그 이유는 이스라엘을 통하여 우리가 많은 것을 배울 수 있다고 생각하기 때문이다. 유대인들은 충청도 만한 작은 땅에서 세계를 움직이는 위력을 가시하고 있을 뿐만 아니라, 세계의 금융권을 독차지하고 있으며, 노벨상을 가장 많이 받은 민족이 유대인이고, 세계 역사 상 수 많은 고난을 당하고, 여러 나라를 흩어져 살면서도 자신의 나라를 다시 세운 것에는 배후에 엄청난 신비가 숨어있기 때문이다. 이 책은 이스라엘의 성지 순례를 가는 기독교인들 뿐만 아니라, 이스라엘의 유명한 대학을 가서 공부하고자 하는 학생들과 이스라엘과 관련된 정부기관 종사자들과 기업인들이 이스라엘 히브리어를 읽히는데 도움을 주고자 저술된 것이다. 우리는 이 책을 출판하는데, **Aleeza Cerf Beare**가 지은 히브리어 회화책(Say it in Hebrew)을 많이 참고하였다. 아울러 아래와 같은 책을 참고하였다.

Christo H.J. van der Merwe Jackie A. Naude Jan H. Kroeze. A Biblical Hebrew Reference Grammar. England: Shefield Academy Press. 1999.

Paul Jouon, S. J. A Grammar of Biblical Hebrew: translated and revised by Muraoka, Volum 1. Italia Roma: Editrice Pontificio Instituto Biblico. 1996.

Thomas O. Lambdin. Introduction to Biblical Hebrew, New York: Charles Scribner's Sons. 1971.

Page H. Kelly. Biblical Hebrew an Introductory Grammar. Grand Rapids: Eerdmans, 1992.

Lewis Glinert. Modern Hebrew: An Essential Grammar,

London and New York, 1994.

Joseph L. Malone. Tiberian Hebrew Phonology, Eisenbrauns Winona Lake, Indiana, 1993.

John Joseph McCarthy, III. Formal Problems In Semitic Phonology and Morphology, Indiana University Linguistic Club 310 Lindley Hall Bloomington, Indiana 47405 January, 1982.

　　필자에게 이 책을 만들어 내는데 가장 어려운 것이 있다면, 그것은 현대 히브리어의 정확한 발음(Pronunciation) 구사력이었다. 그래서 현대 히브리어 발음을 정확히 전달하고자 미국에서 만든 히브리어 연구 프로그램 C.D를 구입하여, 직접 유대인의 발음을 들어가면서 이 책을 집필하였다. 그러므로 독자들은 이 책의 내용을 완전히 습득하면 자신있게 유대인과 말할 수 있을 것이다. 또한 히브리어의 영어 음역도 달아두었는데, 이것은 기존 히브리어 영어 음역체계를 조금 탈피하여 순수하게 영어식 표현(예를 들면, תַּפֻלִיג: tapuhlig, 히브리어 쉐와는 영어식 발음 uh로 표기하였음)을 중심으로 음역을 표기하려고 노력한 것이다. 만일 독자가 히브리어 음역을 영어식으로 정확하게 표기하는 방법을 공부하려면, 이 책의 전반부에 설명되어 있는, 히브리어 모음부호의 설명을 참고해 주시기 바란다. 그리고 부록에는 이스라엘의 역사와 아울러 이스라엘 여행에 도움이 될 만한 유익한 정보를 소개하였다. 필요한 분들에게 유익한 정보가 되기를 바란다.

　　이 책에 제시된 회화의 구성은 아래와 같다.

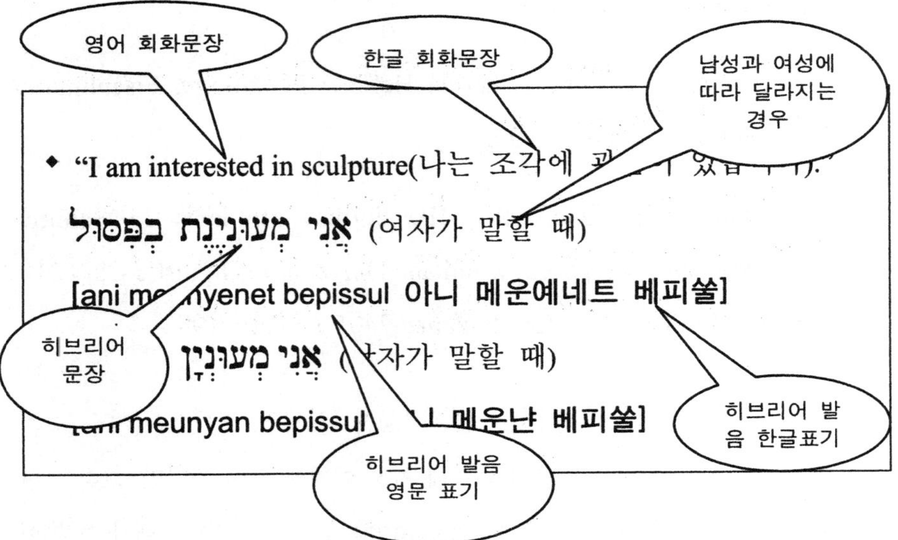

끝으로 이 책이 나오기까지 컴퓨터(Computor) 작업을 도와주신 총신대학교 언어연구소 간사인 신석준 강도사님과 권대영 목사님, 목회의 동역자인 왕성교회 전병선 목사님과 이은실 사모님께 감사를 드린다. 그리고 묵묵히 기도하면서 꿈을 성취할 수 있도록 격려로 도와준 사랑하는 아내 영미에게 고마움을 전하며, 한글 출판사 심혁창 사장님께 감사를 드린다. 그리고 부족한 사람을 항상 가까이에서 지켜보시며, 기도할 때에 지혜와 용기와 꿈을 주신 전능하신 하나님께 고개숙여 깊은 감사를 올려 드린다.

2001년 4월 15일 한권의 책을 탈고 하면서

사당동에서 윤상문

현 총신대학교 신학대학원 히브리어 강사

제1부
간단한 히브리어 문법

히브리어 알파벳

히브리어 알파벳은 22개 혹은 23개의 자음으로 구성

되어 있다.

번호	명칭			알파벳형태		음역	발음	수
	영어	히브리어	한글	기본형	종지형			
1	aleph	אָלֶף	알렢 (알레프)	א		ʾ (묵음)	hour	1
2	beth	בֵית	뻳 (뻬트)	בּ		*b*	bank	2
		בֵית	벹 (베트)	ב		<u>*b*</u> (v)	never	2
3	gimel	גִימֶל	끼멜	גּ		*g*	go	3
		גִימֶל	기멜	ג		<u>*g*</u>	go	3
4	daleth	דָלֶת	딸렡	דּ		*d*	door	4
		דָלֶת	달렡	ד		<u>*d*</u>	door	4
5	he	הֵא	헤 (헤이)	ה		*h*	hand	5
6	vav	וָו	바브	ו		v	vote	6
7	zayin	זַיִן	자인	ז		*z*	zone	7

번호	명칭			알파벳형태		음역	발음	수
	영어	히브리어	한글	기본형	종지형			
8	heth	חֵית	헬 (흐하이트)	ח		$ḥ$	loch[1]	8
9	Teth	טֵית	텔 (테트)	ט		$ṭ$	time	9
10	Yod	יוֹד	요드 (유드)	י		y	year	10
11	kaph	כַּף	캎 (흐하프)	כ		k	keep	20
		כַף	캎 (흐하프)	כ	ך / ך	$\underline{k}$	Bach[2]	20
12	lamedh	לָמֶד	라멘 (라메드)	ל		l	line	30
13	mem	מֵם	멤	מ	ם	m	main	40
14	nun	נוּן	눈	נ	ן	n	noon	50
15	samekh	סָמֶך	싸멕 (싸메흐)	ס		s	silver	60
16	ayin[3]	עַיִן	아인	ע		ʿ	bottle/ battle	70
17	pe	פֵּא	페 (페이)	פ		p	pay	80

[1] velar as in Scots
[2] palatal as in German
[3] 목구멍 뒤에서 형성된 경음, 성문 폐쇄음

번호	명칭			알파벳형태		음역	발음	수
	영어	히브리어	한글	기본형	종지형			
		פֵּא	페 (페이)	פ	ף	p	face	80
18	sade	צָדִי	짜디	צ	ץ	$ṣ$	cats	90
19	qoph	קוֹף	콥 (쿠프)	ק		q(k)	keep	100
20	resh	רֵישׁ	레이쉬	ר		r	rope	200
21	sin	שִׂין	씬	שׂ		$ś$	silver	300
22	shin	שִׁין	쉰	שׁ		$š$	shoe	300
23	tav	תָּו	탑 (타브)	ת		t	time	400
	tav	תָּו	탑 (타브)	ת		$\underline{t}$	time	400

꼬리형 문자

히브리어 알파벳 22개 혹은 23개중에 5개의 자음 (צ. פ/ם. נ. מ. כ/ב)은 특별한 특징을 가지고 있다. 이러한 5개의 문자가 단어의 끝에 나올때에는 종지형(final letters: ץ. ף. ן. ם. ך)을 사용한다. 그리고 이러한 종지(終止)형을 사용한다고 해도 의미에는 전혀 변화를 주지 않는다.

히브리어 문자는 숫자로도 사용된다

히브리어 알파벳 문자의 특징은 숫자의 기능을 하고 있는 것이 그 특징이다. 예를 들어, 1부터 9까지의 숫자는 א ~ ט로 표기하고, 10부터 90까지는 י ~ צ로 표기하며, 100부터 400까지는 ק ~ ת로 표기한다. 숫자 500은 400 + 100 (=תק)로 표기하고, 숫자 900은 400 + 400 + 100 (=תתק)로 표기한다. 그러나 숫자 15와 16은 논리적으로는 יה 혹은 יו인데, 이것은 하나님의 이름(יהוה : 아도나이)을 나타내는 글자로 사용되기 때문에, 유대인들은 하나님의 이름을 함부로 부를 수 없다는 극도의 경외감으로 인해, 창조주 하나님의 이름과 관련된 숫자 15와 16은 9 + 6 = טו, 9 + 7 = טז로 사용한다.

히브리어는 오른쪽에서 왼쪽으로 써나간다

지구상에 있는 대부분의 언어는 왼쪽에서 오른쪽으로 쓰는 것이 일반적인 현상이지만, 히브리어 정서법은 오른쪽에서 왼쪽으로 쓰는 것이 특징이다. 그러므로 히브리어 알파벳도 오른쪽에서부터 왼쪽으로 써야 한다. 예를 들면 다음과 같이 써야 한다.

א ב ב ג ג ד ד ה ה ו ז ח ח ט י כ כ
ל מ נ ס ע פ פ צ ק ר שׁ שׂ ת ת

또 한 가지 어휘의 예를 들면, 말씀, 혹은 일(word or thing)이라는 뜻을 가진 히브리어 단어는 דָּבָר(따바르)라고 부른다. 히브리어를 처음 대하는 독자는 이 단어를 대부분의 언어가 사용하는 방식대로 왼쪽에서 오른쪽으로 쓰는 방식을 따라 רָבָד(따바르)라고 쓰고 읽으면 안 된다.

비슷한 발음을 가진 문자

다음의 문자들은 유사한 발음을 가지고 있는 특징이 있다. 그러나 이러한 문자들은 원래 서로 다른 뚜렷한 음가(sound values)를 가지고 있다.

ג	ג	like	g	in go
ה	ד	like	d	in door
ת	ת	like	t	in time
א	ע	like		in glottal stop(성문[聲門] 폐쇄음)

ב	ו	like v	in never / vote
ח	כ / ך	like ch	in Loch / Bach
ט	ת / ת	like t	in time
כ	ק	like k	in keep
ס	שׂ	like s	in silver

점만 찍으면 발음이 달라지는 문자

히브리어 자음 중 6개의 문자는 2가지 형태의 발음을 가지고 있다. 즉 마찰음(fricative)과 파열음(plosive) 두 가지 소리를 나타내고 있다. 이러한 6개 문자(בגדכפת) 안에 다게쉬(dagesh: דָּגֵשׁ)라고 불리는 점(.)이 있으면 파열음이 되어 강하고(strong) 억센(hard) 소리가 난다. 이러한 점(dot)을 따게쉬 레네(dagesh lene: 연강점(軟强點) 혹은 경강점(輕强點) 이라고 부른다.

반면에 자음(בגדכפת)안에 다게쉬(dagesh: דָּגֵשׁ)라고 불리는 점(.)이 없으면 부드러운 마찰음이 된다. 그러나 이것은 소리에만 영향을 미칠 뿐 의미(meaning)에는 전혀 영향을 주지 않는다. 예를 들어, 위대한(great)이라는 뜻을 가진 히브리어 단어는 גָּדוֹל 인데 첫글자(ג: 기멜) 안에 다게쉬(dagesh: דָּגֵשׁ)라고 불리는 점(.)이 있기 때문에 강하고 억센 파열음으로 발음해야 한다. 그래서 이 단어의 한글 발음은 (גָּדוֹל: 까돌)이다. 반면에 첫글자(ג)안에 다게쉬(dagesh: דָּגֵשׁ)라고 불리는 점(.)이 없을 경우에는 (즉, גָדוֹל: 가돌)이다. 이러한 6개 문자는 한 단어가 음절을 시작할 때 혹은 한 단어의 중간에서 음절을 새롭게 시작할 때 다게쉬(dagesh: דָּגֵשׁ)라고 불리는 점(.)이 한 단어의 중간에 붙어 강하고 억센 파열음(plosive)이 난다. 그리고 이러한 6가지 자음을 쉽게 암기하기 위해서 우리는 '뻬가드 케파트' 문자라고 한다. 그러나 오늘날 유대인들은 다게쉬(dagesh: דָּגֵשׁ)라고 불리는 점(.)이 한 단어의 중간에 붙어 있을지라도 동일하게 파열음으로 발음한다(예를 들면, גָּדוֹל[까돌]은 גָדוֹל[가돌]로 발음한다).

경우에 따라 문자에 찍힌 점으로 그 문자가 중복된 것을 표시하기도 한다

앞서 설명한 대로 히브리어 6개의 글자 안에는 따게쉬 (דָּגֵשׁ: dagesh) 라는 점을 찍어 발음을 강하게, 혹은 부드럽게 발음하는 경향이 있다는 것을 설명하였다. 그리고 이것을 우리는 연강점 혹은 경강점이라고 한다. 그런데 히브리어 글자 안에는 **בגדכפת**와 같은 6개 문자 외에도 따게쉬(**דָּגֵשׁ**: dagesh)라는 점을 찍어 자음을 중복시키는 역할을 하는 점 (dot)이 붙게 되는데, 히브리어 문자중에 후음문자 (**א ה ח ע ר**]를 제외한 모든 문자에 찍어 자음을 중복시키는 역할을 한다. 왜냐하면 히브리어 문자의 특징은 자음을 두 번 연속하여 쓰지 않고, 어떤 문자 가운데 점을 찍어 자음을 중복시키려는 경향이 있기 때문이다. 이러한 점(dot)을 우리는 중강점(重强點: dagesh forte)이라고 부른다. 예를 들어, 여자, 아내(woman or wife)라는 뜻을 가진 **אִשָּׁה**라는 단어 **שָּ**(샤) 안에 따게쉬(**דָּגֵשׁ**: dagesh)라고 부르는 점을 찍어 자음을 중복시키고 있다. 원래 이 단어는 **אִשְׁשָׁה**인데, 히브리어 문자는 자음을 연속하여 사용하는 것을 피하려는 경향이 있기 때문에, 가운데 점(dot)을 찍어 자음을 중복시키 사용한다. 그러면 히브리어를 처음으로 공부하는 독자들은 어느 것이 연강점이고 어느 것이 중강점인지 구분하기 어려울 것이라고 생각한다. 그래서 이 두 가지 점(dot)을 구분하는 기준을 세 가지로 요약하여 정리하고자 한다.

1) **בגדכפת** 6개의 문자가 한 단어에서 음절을 시작하거나(예를 들어, 집을 뜻하는 **בֵּית**) 한 단어의 중간(예를 들어, 숫자 4를 뜻하는 **אַרְבַּע**) 에서 음절을 새로 시작할 때 가운데 따게쉬(**דָּגֵשׁ**: dagesh) 라는 점이 붙으면 이것은 연강점 혹은 경강점(軟强點 혹은 輕强點)이다.

2) **בגדכפת** 6개의 문자와 후음문자(**א ה ח ע ר**)를 제

외한 다른 문자 가운데에 따게쉬(שֶׁגֶד: dagesh)라는 점이 찍혀 있으면, 이것은 자음이 중복된 중강점(重强點:dagesh forte)이다. 예를 들어, 왕좌, 의자(throne, seat)라는 뜻을 가진 כִּסֵּא의 가운데 문자 ֹס의 글자는 자음이 중복된 중강점(重强點: dagesh)이다.

3) בגדכפת 6개의 문자가 한 단어의 중간에 나올 경우 그 문자 앞에 모음이 아닌 쉐바(sheva:)가 나올 경우에 연강점 혹은 경강점(軟强點 혹은 輕强點)이다. 예를 들어, 소녀의 뜻을 가진 히브리어 יַלְדָּה 단어 안에 דּ의 글자는 강한 억센 소리를 나타내는 연강점 혹은 경강점(軟强點 혹은 輕强點)이다. 또한 בגדכפת 6개의 문자가 한 단어의 중간에 나올 경우 그 문자 앞에 모음이 나올 경우에는 중강점(重强點: dagesh forte)이다.

예를 들어, 의문사 왜(why)의 뜻을 가진 לָמָּה의 가운데 문자 מָּ의 글자는 자음이 중복된 중강점(重强點: dagesh forte)이다.

히브리어 단어는 세 개의 자음문자로 만든다

히브리어는 대부분 세 가지 자음(어간)을 가진 단어로 형성되어 있다. 그러므로 한정된 어휘의 어근(root)의 의미를 잘 파악하고 있으면, 히브리어의 다양한 파생어들과 그에 따른 표현들을 얼마든지 추정해 낼 수 있다. 그리고 히브리어 단어의 의미와 기능은 어간에 붙여지는 모음과 접두사, 접미사등에 의하여 결정된다.

모음 문자

히브리어는 원래 모음이 없는 자음만으로 구성된 언어이다. 그런데 A.D 600 – 1000년 사이에 맛소라 학자들이 히브리어 성경 본문을 정확하게 전승 보존하기 위하여 모음 부호를 만들었다.

번호 (number)	모음부호 명칭 (name)		모음형태 (form)		음역 (transliteration)		음가 (sound values)[1]
1	*qāmeṣ*	카메츠	סֶי אֶ הֶ	ָ	*ā* *â*	아	cup
2	*pataḥ*	파타흐	סַ	ַ	*a*	아	cup
3	*ḥātēp pataḥ*	하텦 파타흐	סֲ	ֲ	*ă*	아	cup

---

[1] Modern Hebrew

번호 (number)	모음부호 명칭 (name)		모음형태 (form)		음역 (transliteration)		음가 (sound values)[1]
4	*ḥōlem*	홀렘	טֹ טֹה אֹ טֹו טוֹ	ֹ	*ō* *ô*	오	more
5	*qāmeṣ* *ḥāṭûp*	카메츠 하툽	טָ	ָ	*o*	오	hot
6	*ḥāṭēp* *qāmeṣ*	하텦 카메츠	טֳ	ֳ	*ŏ*	오	hot
7	*ṣērê*	체레	טֵ טֵה אֵ טֵי	ֵ	*ē* *ê*	에	pen
8	*seḡōl*	세골	טֶ טֶי טֶה	ֶ	*e* *ê* *ê*	애	pen
9	*ḥāṭēp* *seḡōl*	하텦 세골	טֱ	ֱ	*ě*	애	pen
10	*šûreq*	슈렉	טוּ	וּ	*û*	우	put
11	*qibbûṣ*	키부츠	טֻ	ֻ	*u*	우	put
12	*ḥireq*	히렉	טִ טִי	ִ	*i* *î*	이	hit
13	audible *sewâ*	쉐바 (유성쉐바)	טְ	ְ	*e*	(약한) 애	above

모음 읽는 요령

1 단모음

히브리어의 단모음은 5가지 유형이 있다.

히브리어 모음 명칭		모음 형태		한글발음
pataḥ	파타흐	בַ	ַ	아
qāmeṣ ḥātûp	카메츠 하툽	בָ	ָ	오
seḡōl	세골	בֶ	ֶ	에
qibbûṣ	키부츠	בֻ	ֻ	우
ḥireq	히렉	בִ	ִ	이

2 장모음

다음과 같은 히브리어 장모음 3가지 유형은 어간에 접두
사, 접미사가 붙으면 모음이 변할 수 있는 장모음이다.

히브리어 모음 명칭		모음 형태		한글발음
qāmeṣ	카메츠	בָ	ָ	아
ḥōlem	홀렘	בֹ	ֹ	오
ṣērê	체레	בֵ	ֵ	에

3 순수한 장모음

다음과 같은 히브리어 장모음 6가지 유형은 어간에 접두사, 접미사가 붙을지라도 결코 모음이 변할 수 없는 순수한 장모음이다.

히브리어 모음 명칭		모음 형태		한글발음
qāmeṣ	카메츠	אָ הָ בָ	ָ	아
ḥōlem vav	홀렘 (바브)	אֹ הֹ וֹ בֹ	ֹ	오
ṣērê yud	체레 (유드)	אֵ הֵ יֵ בֵ	ֵ	에
sᵉgōl	세골	בֶי הֶ	ֶ	애
sûreq	슈렉	בוּ	וּ	우

히브리어 모음 명칭		모음 형태		한글발음
ḥireq yud	히렉 (유드)	טִי	.	이

4 히브리어 쉐바(sheva: ְ)

히브리어는 모음 부호에 따라 의미가 달라지는 언어이다. 그런데 만일 히브리어 자음 밑에 모음 부호가 비어 있으면 누군가 악의적인 의도로 성경의 사본이나 어떤 문서의 의미를 변경시키고자 하면 얼마든지 가능하다. 그렇기 때문에 어떤 사람도 자음밑에 있는 빈 공간에 다른 모음을 붙여 뜻을 왜곡시킬 수 없도록 하기 위하여 모음이 아닌 쉐바(sheva: ְ) 부호를 넣어 의미 변경을 방지할 목적으로 맛소라 학자들에 의해 고안된 것이다. 일부 학자들은 쉐바(sheva)를 반모음(half vowels) 혹은 별개의 단모음(extra short vowels)으로 취급하기도 한다. 쉐바(sheva)에는 아래와 같이 단순쉐바(simple sheva)[1]와 복합쉐바(composite sheva)[2] 이와 같이 쉐바는 두 종류가 있다. 쉐바에는 2개의 단순쉐바와 3개의 복합쉐바의 형태가 존재한다.

---

[1] 단순쉐바에는 유성쉐바(vocal sheva: 예를 들어, שְׁמוֹ: *šᵉmô* 쉐모, שׁוֹמְרִים: *šômᵉrîm* 쇼메림)와 무성쉐바(silent sheva: 예를 들어, יִשְׁמֹר: *yišmōr* 이쉬모르, אַפְקִיד: *'apqîḏ* 아프키드)가 있는데, 유성쉐바는 한 음절이 시작되는 곳에 모음과 같이 발음이 나고, 무성쉐바는 전혀 소리가 나지 않는다

[2] 복합쉐바는 후음문자(ע ח ה א) 아래에만 붙는다

히브리어 쉐바(sheva) 명칭		쉐바(sheva)의 형태		한글발음
audible $s^e w\hat{a}$	쉐바(유성쉐바)	ב֑	:	약한 "애"
$\d{h}\bar{a}\d{t}\bar{e}p\ pata\d{h}$	하텦 파타흐	ח֑	‐:	약한 "아"
$\d{h}\bar{a}\d{t}\bar{e}p\ q\bar{a}me\d{s}$	하텦 카메츠	ח֑	‐:	약한 "오"
$\d{h}\bar{a}\d{t}\bar{e}p\ s^e g\bar{o}l$	하텦 세골	ח֑	‐:	약한 "애"

5 히브리어 이중모음

두 개의 서로 다른 모음이 결합하여 하나의 음절(one syllable)을 형성할 때 만들어지는 소리를 이중모음(diphthong)이라고 한다.

자음	두개의 모음 결합	한글 발음	영어발음
י	־ַי	타이	tie
	־ָי	타이	sky
	־ֹוי	토이	boy
	־ּוי	투이	gluey

읽기연습 1: 간단한 문자

אִ (이) אֵ (에) אֶ (애) אָ (아) אַ (아) אֱ (애) אֻ (우)

אוּ (우) אֹ (오) אוֹ (오) אֵי (에이)

בִּ (비) בֵּ (베) בֶּ (배) בָּ (바) בַּ (바) בֱּ (배) בֻּ (부)

בּוּ (부) בֹּ (보) בּוֹ (보) בֵּי (베이)

גִּ (기) גֵּ (게) גֶּ (개) גָּ (가) גַּ (가) גֱּ (개) גֻּ (구)

גּוּ (구) גֹּ (고) גּוֹ (고) גֵּי (게이)

דִּ (디) דֵּ (데) דֶּ (대) דָּ (다) דַּ (다) דֱּ (대) דֻּ (두)

דּוּ (두) דֹּ (도) דּוֹ (도) דֵּי (데이)

הִ (히) הֵ (헤) הֶ (해) הָ (하) הַ (하) הֱ (해) הֻ (후)

הוּ (후)　הֹ (호)　הוֹ (호)　הֵי (헤이)

בִ (비)　בֵ (베)　בֶ (배)　בָ (바)　בַ (바)　בַ (배)　בֻ (부)

בוּ (부)　בוֹ (보)　בוֹ (보)　בֵי (베이)

זִ (지)　זֵ (제)　זֶ (재)　זָ (자)　זַ (자)　זַ (재)　זֻ (주)

זוּ (주)　זוֹ (조)　זוֹ (조)　זֵי (제이)

חִ (히)　חֵ (헤)　חֶ (해)　חָ (하)　חַ (하)　חַ (해)　חֻ (후)

חוּ (후)　חוֹ (호)　חוֹ (호)　חֵי (헤이)

טִ (티)　טֵ (테)　טֶ (태)　טָ (타)　טַ (타)　טַ (태)　טֻ (투)

טוּ (투)　טוֹ (토)　טוֹ (토)　טֵי (테이)

יִ (이)　יֵ (예)　יֶ (애)　יָ (야)　יַ (야)　יַ (애)　יֻ (유)

יוּ (유)　יוֹ (요)　יוֹ (요)　יֵי (예이)

כִּ (키)　כֵּ (케)　כֶּ (캐)　כָּ (카)　כַּ (카)　כֱּ (캐)　כְּ (쿠)

כּוּ (쿠)　כֹּ (코)　כּוֹ (코)　כִּי (케이)

לִ (리)　לֵ (레)　לֶ (래)　לָ (라)　לַ (라)　לֱ (래)　לְ (루)

לוּ (루)　לֹ (로)　לוֹ (로)　לִי (레이)

מִ (미)　מֵ (메)　מֶ (매)　מָ (마)　מַ (마)　מֱ (매)　מְ (무)

מוּ (무)　מֹ (모)　מוֹ (모)　מִי (메이)

נִ (니)　נֵ (네)　נֶ (내)　נָ (나)　נַ (나)　נֱ (내)　נְ (누)

נוּ (누)　נֹ (노)　נוֹ (노)　נִי (네이)

סִ (씨)　סֵ (쎄)　סֶ (쌔)　סָ (싸)　סַ (싸)　סֱ (쌔)　סְ (쑤)

סוּ (쑤)　סֹ (쏘)　סוֹ (쏘)　סִי (쎄이)

עִ (이)　עֵ (에)　עֶ (애)　עָ (아)　עַ (아)　עֱ (애)　עְ (우)

עוּ (우)　עֹ (오)　עוֹ (오)　עֵי (에이)

פִ (피)　פֵ (페)　פֶ (패)　פַ (파)　פָ (파)　פְ (패)　פֻ (푸)

פוּ (푸)　פֹ (포)　פוֹ (포)　פִי (페이)

צִ (찌)　צֵ (제)　צֶ (째)　צַ (짜)　צָ (짜)　צְ (째)　צֻ (쭈)

צוּ (쭈)　צֹ (쪼)　צוֹ (쪼)　צֵי (쩨이)

קִ (키)　קֵ (케)　קֶ (캐)　קַ (카)　קָ (카)　קְ (캐)　קֻ (쿠)

קוּ (쿠)　קֹ (코)　קוֹ (코)　קֵי (케이)

רִ (리)　רֵ (레)　רֶ (래)　רַ (라)　רָ (라)　רְ (래)　רֻ (루)

רוּ (루)　רֹ (로)　רוֹ (로)　רֵי (레이)

שִׁ (쉬)　שֵׁ (쉐)　שֶׁ (쉐)　שַׁ (샤)　שָׁ (샤)　שְׁ (쉐)　שֻׁ (슈)

שׁוּ (슈)　שֹׁ (쇼)　שׁוֹ (쇼)　שֵׁי (쉐이)

שִׁ (씨) שֶׁ (쎄) שֶׁ (쌔) שָׁ (싸) שַׁ (싸) שֵׁ (쌔) שֻׁ (쑤)

שׁוּ (쑤) שֹׁ (쏘) שׁוֹ (쏘) שִׁי (쎄이)

תִּ (티) תֵּ (테) תֶּ (태) תָּ (타) תַּ (타) תֵּ (태) תֻּ (투)

תּוּ (투) תֹּ (토) תּוֹ (토) תִּי (테이)

읽기연습 2: 단어 읽기

אָדָם (아담)	שַׂר (싸르)	עַיִן (아인)	אֵם (엠)	קָרָא (카라)
כֶּסֶף (케쎄프)	יָם (얌)	לֵב (레브)	יִשְׂרָאֵל (이쓰라엘)	שָׁאַל (샤알)
כֹּהֵן (코헨)	הַר (하르)	מֶלֶךְ (말라크)	מֹשֶׁה (모쉐)	שָׁמַר (샤마르)
חָכְמָה (호크마)	רֹאשׁ (로쉬)	מַלְכָּה (말카)	זָקֵן (자켄)	שָׁלוֹם (샬롬)
זָהָב (자하브)	עִיר (이르)	מַלְכוּת (말쿠트)	יָפֶה (야페)	תּוֹרָה (토라)

נָפַל (나팔)	רַב (라브)	מְלָכִים (맬라킴)	יוֹם (욤)	דַּעַת (다아트)
פֶּה (포)	רָשָׁע (라샤)	מַמְלָכָה (마믈라카)	רוּחַ (루아흐)	דָּבָר (다바르)
צֹאן (쫀)	הָלַךְ (할락)	יָד (야드)	סוּס (쑤쓰)	גּוֹי (고이)
רַע (레아)	נָתַן (나탄)	דָּם (담)	מַלְאָךְ (말르악)	בְּרִית (배리트)
פָּעַל (파알)	עָמַד (아마드)	אֱלֹהִים (엘로힘)	אוֹר (오르)	אֲדָמָה (아다마)

음절 나누기는 읽기의 기본

일반적으로 대부분의 언어들은 자음과 모음이 결합하여

하나의 음절을 형성하고 있다. 히브리어도 역시 마찬가지이다. 그리고 히브리어의 음절에는 개음절(open syllable)과 폐음절(closed syllable)이 있다.

1) 개음절: 하나의 음절이 자음과 모음으로 구성되어 발음을 할 때 입술이 열리는 형태를 말한다. 예를 들어, בַּ (바) גַּ (가) דָּ (다) לָ (라)등이 그 좋은 예이다.

2) 폐음절: 하나의 음절이 자음과 모음과 자음으로 구성되어 발음을 할 때 입술이 닫히는 형태를 말한다. 예를 들어, בַּת(바트) גַּת(가트) דָּת(다트) לָת(라트) 등이 그 좋은 예이다.

개음절(open syllable)	폐음절(closed syllable)
go(CV)	got(CVC)
spa(CCV)	spank(CCVCC)
mi- ni(CV -CV)	mind-ful(CVCC - CVC)[1]

위의 영어음절의 예를 통해 볼 수 있는 것처럼 히브리어 음절은 다음과 같이 형성된다.

1) 히브리어의 음절은 항상 자음으로 시작된다.

---

[1] 독자의 이해를 돕기 위해 위의 영어 약어 C 는 consonant(자음)를 말하고 V는 vowel(모음)을 말한다. 영어에서도 마찬가지로 히브리어에서도 하나의 음절을 형성할 때, 자음+모음, 자음+자음+모음, 자음+모음+자음+모음, 자음+모음+자음, 자음+자음+모음+자음+자음, 자음+모음+자음+자음+모음+자음, 형태의 유형이 나타난다.

2) 히브리어의 음절은 개음절이거나 폐음절 둘 중에 어느 하나에 속한다.

3) 히브리어 음절은 결코 모음으로 시작하지 않으며, 단지 자음으로 시작한다. 그리고 폐음절은 자음으로만 끝난다.

히브리어 음절	음절형태
하나의 개음절	בְּ
하나의 폐음절	בַּת
두개의 개음절	סוּסָה > סוּ - סָה
두개의 음절중 하나는 개음절 나머지 하나는 폐음절	כָּתַב > כָּ - תַב

제2부
꼭 알아두어야 할 기본 표현들

자주 쓰는 간단한 대화
בִּטּוּיֵי יוֹם־יוֹם

비쑤예이 욤 욤

- "Yes(예)."

  כֵּן [ken 켄]

- "No(아니오)."

  לֹו [lo 로]

- "Perhaps(아마도)."

  אוּלַי ['ulay 울라이]

◆ "Please(제발, 부디, 미안하지만)."

בְּבַקָשָׁה [bebakashah 베바카샤]

◆ "Excuse me(실례합니다)."

סְלִיחָה [sselihah 쎌리하]

◆ "Thanks very much(대단히 감사합니다)."

תּוֹדָה רַבָּה [todah rabah 토다 라바]

◆ "You are welcome(천만에요. 문자적인 의미로는: It is nothing)."

עַל לֹא דָּבָר ['al lo dabar 알 로 다바르]

◆ "It is all right(그것은 좋습니다)."

זֶה בְּסֵדֶר [zeh besseder 제 베쎄데르]

◆ "It doesn't matter(그 일은 중요하지 않습니다)."

אֵין דָּבָר ['eyn dabar 애인 다바르]

◆ "That is all(그것이 전부입니다)."

זֶה הַכֹּל [zeh hakol 제 하콜]

◆ "Wait a moment(잠시만 기다리세요)."

חַכִּי רֶגַע (여자에게 말을 할 때) [haki rega' 하키 레가]

חַכֵּה רֶגַע (남자에게 말을 할 때) [hakeh rega' 하케 레가]

◆ "Come in(안으로 들어오세요)."

יָבֹא [yabo' 야보]

◆ "Come here(여기로 오세요)."

בֹּאִי הֵנָּה (여자에게 말할 때) [bo'i hena 보이 헤나]

בֹּא הֵנָּה (남자에게 말할 때) [bo' hena 보 헤나]

◆ "What do you wish(당신은 무엇을 하고자 합니까)?"

מַה רְצוֹנְךָ (남자에게) [mah rezzonek 마 레쯔네크]

מַה רְצוֹנֵךְ (여자에게) [mah rezzoneka 마 레쯔네카]

◆ "What(무엇)?"

מַה [mah 마]

◆ "Who(누구)?"

מִי [mi 미]

◆ "When(언제)?"

מָתַי [matay 마타이]

◆ "Where(어디에)?"

אֵיפֹה [eypoh 에이포]

◆ "Why(왜)?"

מַדּוּעַ [maddu'a 마두아]

◆ "How long(얼마나 걸립니까)?"

כַּמָּה זְמַן [kama zeman 카마 제만]

◆ "What is the distance(거리가 얼마나 됩니까)?"

מַה הַמֶּרְחָק [ma hamerhak 마 하메르하크]

◆ "Listen(귀를 기울여라, 들으라)."

שִׁמְעִי (여자에게 말할 때) [shim'i 쉼미]

שְׁמַע (남자에게 말할 때) [shema' 쉐마]

◆ "Careful(주의 하십시오)."

זְהִירוּת [zehirut 제히루트]

나를 드러내기

פְּרָטִים אִישִׁיִּים

페라팀 이쉬일

- "My name is Sang Moon(나의 이름은 상문입니다)."

  שְׁמִי סַנג מוּן [shemi ssang mun 쉐미 쌍 문]

- "My name is spelled _____(나의 이름은 ____이렇게 씁니다)."

  כּוֹתְבִים אֶת שְׁמִי _____

  [kotbim 'et shemi _____ 코트빔 에트 쉐미_____]

- "I am 25 years old(나는 25세입니다)."

אֲנִי בַּת עֶשְׂרִים וְחָמֵשׁ (여자의 나이를 말할 때)

['ani bat 'esirim vehamesh 아니 바트 에시림 베하메쉬]

אֲנִי בֶּן עֶשְׂרִים וְחָמֵשׁ (남자의 나이를 말할 때)

['ani ben 'esirim vehamesh 아니 벤 에시림 베하메쉬]

◆ "I am an American citizen(나는 미국 시민입니다)."

אֲנִי תּוֹשָׁב אֲמֶרִיקָאִי

['ani tosab 'amerika'i 아니 토사브 아메리카이]

◆ "My address is _______(나의 주소는 _______ 입니다)."

כְּתָבְתִּי הִיא_________

[ketobti hi' _____ 케토브티 히 _____]

◆ "I am a student(나는 학생입니다)."

אֲנִי תַּלְמִידָה (여자가 말할 때) ['ani talmidah 아니 탈미다]

אֲנִי תַּלְמִיד (남자가 말할 때) ['ani talmid 아니 탈미드]

◆ "I am a teacher(나는 교사입니다)."

אֲנִי מוֹרָה (여자가 말할 때) ['ani morah 아니 모라]

אֲנִי מוֹרֶה (남자가 말할 때) ['ani moreh 아니 모레]

◆ "I am a businessman(나는 사업가입니다)."

אֲנִי אִישׁ מִסְחָר ['ani 'ish misshar 아니 이쉬 미쓰하르]

◆ "I am a friend of Young Mee(나는 영미의 친구입니다)."

אֲנִי יְדִיד יְדִידָה שֶׁל יֻנג מִי

['ani yedid yedidah shel yuhng mi 아니 예디드 예디다 쉘 영 미]

◆ "I have come here on a business trip(나는 사업 여행차 여기에 왔습니다)."

בָּאתִי הֵנָּה לְשֵׁם מִסְחָר

[ba'ti henah reshem misshar 바티 헤나 레쉠 미쓰하르]

◆ "I have come here on a vacation(나는 휴가차 여기에 왔습니다)."

בָּאתִי הֵנָּה לְשֵׁם חֹפֶשׁ

[ba'ti henah reshem hopesh 바티 헤나 레쉠 호페쉬]

◆ "I am traveling to Israel(나는 이스라엘에 여행하고 있는 중입니다)."

אֲנִי נוֹסַעַת לְיִשְׂרָאֵל (여자가 말할 때)

['ani noss'at leyissuhra'el 아니 노싸아트 레이쓰라엘]

אֲנִי נוֹסֵעַ לְיִשְׂרָאֵל (남자가 말할 때)

['ani nosse'a leyissuhra'el 아니 노쎄아 레이쓰라엘]

◆ "I am warm(나는 덥다)."

חַם לִי [ham li 함 리]

◆ "I am cold(나는 춥다)."

קַר לִי [kar li 카르 리]

◆ "I am busy(나는 바쁘다)."

אֲנִי עֲסוּקָה (여자가 말할 때) ['ani 'assukah 아니 아쑤카]
אֲנִי עָסוּק (남자가 말할 때) ['ani 'assuk 아니 아쑤크]

◆ "I am glad(나는 기쁘다)."

אֲנִי שְׂמֵחָה (여자가 말할 때) ['ani semehah 아니 쎄메하]
אֲנִי שָׂמֵחַ (남자가 말할 때) ['ani sameha 아니 싸메하]

◆ "I am tired(나는 피곤하다)."

אֲנִי עֲיֵפָה (여자가 말할 때) ['ani 'ayepah 아니 아예파]
אֲנִי עָיֵף (남자가 말할 때) ['ani 'ayep 아니 아에프]

◆ "I am sorry(미안합니다)."

צַר לִי [zzar li 짜르 리]

◆ "I am in a hurry(나는 서두르고 있다)."

אֲנִי מְמַהֶרֶת (여자가 말할 때)
['ani memaheret 아니 메마헤레트]

אֲנִי מְמַהֵר (남자가 말할 때)

['ani memaher 아니 메마헤르]

◆ "I am ready(나는 준비가 되었습니다)."

אֲנִי מוּכָנָה (여자가 말할 때) ['ani mukanah 아니 무카나]

אֲנִי מוּכָן (남자가 말할 때) ['ani mukan 아니 무칸]

◆ "I am hungry(나는 배고프다)."

אֲנִי רְעֵבָה (여자가 말할 때) ['ani re'ebah 아니 레에바]

אֲנִי רָעֵב (남자가 말할 때) ['ani ra'eb 아니 라에브]

◆ "I am thirsty(나는 목마르다)."

אֲנִי צְמֵאָה (여자가 말할 때) ['ani zzeme'ah 아니 쩨메아]

אֲנִי צָמֵא (남자가 말할 때) ['ani zzame' 아니 짜메]

인사와 일상표현

בְּרָכוֹת עֲשִׂיַת הַכָּרָה וְכוּ

베라코트 아시야트 하카라 베쿠

◆ "Good morning(안녕하십니까: 아침인사)."

בֹּקֶר טוֹב [boker tob 보켈 토브]

◆ "Good evening(안녕하십니까: 저녁인사)."

עֶרֶב טוֹב ['ereb tob 에레브 토브]

◆ "Hello(안녕하세요)."

שָׁלוֹם [shalom 샬롬]

◆ "Good-bye(잘가, 안녕)."

לְהִתְרָאוֹת [rehitra'ot 레히트라오트]

or שָׁלוֹם [shalom 샬롬]

◆ "How are you(안녕하십니까)?"

מַה שְׁלוֹמֵךְ (여자에게 말할 때)

[mah shelomek 마 쉘로메크]

מַה שְׁלוֹמְךָ (남자에게 말할 때)

[mah shelomuhka 마 쉘로므카]

◆ "Fine thanks and you(감사합니다. 저는 잘 지내고 있습니다.
당신은 어떻습니까)?"

טוֹב תּוֹדָה וְאַתְּ (여자에게 말할 때)

[tob todah ve'at 토브 토다 베아트]

טוֹב תּוֹדָה וְאַתָּה (남자에게 말할 때)

[tob todah ve'atah 토브 토다 베아타]

◆ "How is the family(가족은 어떻게 지내고 계십니까)?"

מַה שְׁלוֹם הַמִּשְׁפָּחָה

[ma shelom hamishpahah 마 쉘롬 하미쉬파하]

◆ "Very well(매우 좋다)."

טוֹב מְאֹד [tob me'od 토브 메오드]

◆ "Not very well(별로 좋지 않다)."

לֹא כָּל כָּךְ טוֹב [lo' kol kak tob 로 콜 카크 토브]

◆ "How are things(일이 어떻게 되어가십니까)?"

מַה נִּשְׁמַע [ma nishma' 마 니쉬마]

◆ "All right(좋아요)."

הַכֹּל בְּסֵדֶר [hakol besseder 하콜 베쎄데르]

◆ "So, so(예 그렇습니다)."

כָּכָה כָּכָה [kakah kakah 카카 카카]

◆ "May I introduce Mr. Daeyoung(나는 대영씨를 소개하고 싶습니다)?"

נָא לְהַכִּיר אֶת אָדוֹן דֶה יַנג

[na' lehakir 'et 'adon deh yuhng 나 레하키르 에트 아돈 대영]

◆ "May I introduce Miss/Mrs. Young Mee(나는 영미 양/부인을 소개하고 싶습니다)?"

נָא לְהַכִּיר אֶת גְּבֶרֶת יַנג מִי

[na' lehakir 'et geberet yuhng mi 나 레하키르 에트 게베레트 영 미]

◆ "May I introduce my wife(나는 나의 아내를 소개하고 싶습니
다)?"

נָא לְהַכִּיר אֶת אִשְׁתִּי

[na' lehakir 'et 'ishti 나 레하키르 에트 이쉬티]

◆ "May I introduce my husband(나는 나의 남편을 소개하고 싶
습니다)?"

נָא לְהַכִּיר אֶת בַּעֲלִי

[na' lehakir 'et ba'ali 나 레하키르 에트 바알리]

◆ "May I introduce my daughter(나는 나의 딸을 소개하고 싶습
니다)?"

נָא לְהַכִּיר אֶת בִּתִּי

[na' lehakir 'et bitti 나 레하키르 에트 비티]

◆ "May I introduce my son(나는 나의 아들을 소개하고 싶습니
다)?"

נָא לְהַכִּיר אֶת בְּנִי

[na' lehakir 'et beni 나 레하키르 에트 베니]

◆ "May I introduce my sister(나는 나의 여동생을 소개하고 싶
습니다)?"

נָא לְהַכִּיר אֶת אֲחוֹתִי

[na' lehakir 'et 'ahoti 나 레하키르 에트 아호티]

◆ "May I introduce my brother(나는 나의 형을 소개하고 싶습니다)?"

נָא לְהַכִּיר אֶת אָחִי

[na' lehakir 'et 'ahi 나 레하키르 에트 아히]

◆ "May I introduce my mother(나는 나의 어머니를 소개하고 싶습니다)?"

נָא לְהַכִּיר אֶת אִמִּי

[na' lehakir 'et 'imi 나 레하키르 에트 이미]

◆ "May I introduce my father(나는 나의 아버지를 소개하고 싶습니다)?"

נָא לְהַכִּיר אֶת אָבִי

[na' lehakir 'et 'abi 나 레하키르 에트 아비]

◆ "May I introduce my friend(나는 나의 친구를 소개하고 싶습니다)?"

נָא לְהַכִּיר אֶת חֲבֶרְתִּי (친구가 여자인 경우)

[na' lehakir 'et haberti 나 레하키르 에트 하베르티]

נָא לְהַכִּיר אֶת חֲבֵרִי (친구가 남자인 경우)

[na' lehakir 'et haberi 나 레하키르 에트 하베리]

◆ "I am glad to meet you(나는 당신을 만나 기쁩니다)."

נָעִים לְהַכִּיר אוֹתָךְ (여자가 말할 때)

[napim lehakir 'otak 나핌 레하키르 오타크]

נָעִים לְהַכִּיר אוֹתְךָ (남자가 말할 때)

[napim lehakir 'otuhka 나핌 레하키르 오트카]

◆ "What is your name please(실례지만, 당신의 이름이 어떻게 됩니까)?"

מַה שְׁמֵךְ בְּבַקָשָׁה (여자를 말할 때)

[ma shemek bebakashah 마 쉐메크 베바카샤]

מַה שִׁמְךָ בְּבַקָשָׁה (남자를 말할 때)

[ma shimuhka bebakashah 마 쉬므카 베바카샤]

◆ "Will you join us(당신은 우리와 함께 하시겠습니까)?"

הַאִם תִּצְטָרְפִי אֵלֵינוּ (여자가 말할 때)

[ha'im tizztarpi 'eleynu 하임 티쯔타르피 엘레이누]

הַאִם תִּצְטָרֵף אֵלֵינוּ (남자가 말할 때)

[ha'im tizztarep 'eleynu 하임 티쯔타레프 엘레이누]

◆ "Please sit down(앉아주시겠습니까?)."

נָא לָשֶׁבֶת [na' lashebet 나 라쉐베트]

◆ "Who is this boy(이 소년은 누구입니까)?"

מִי הוּא הַיֶּלֶד הַזֶּה

[mi hu' hayeled hazeh 미 후 하옐레드 하제]

* "Who is this man(이 사람은 누구입니까)?"

מִי הוּא הָאִישׁ הַזֶּה

[mi hu' ha'ish hazeh 미 후 하이쉬 하제]

* "Who is this girl(이 소녀는 누구입니까)?"

מִי הִיא הַיַּלְדָּה הַזֹּאת

[mi hi' hayaldah hazo't 미 히 하얄다 하조트]

* "Who is this woman(이 여자는 누구입니까)?"

מִי הִיא הָאִשָּׁה הַזֹּאת

[mi hi' ha'ishah hazo't 미 히 하이샤 하조트]

* "May I have your address(내가 당신의 주소를 알 수 있겠습니까)?"

הַאוּכַל לְקַבֵּל אֶת כְּתָבְתֵּךְ (여자에게 말할 때)

[ha'ukal lekabel 'et ketobuhtek 하우칼 레카벨 에트 케토브테크]

הַאוּכַל לְקַבֵּל אֶת כְּתָבְתְּךָ (남자에게 말할 때)

[ha'ukal lekabel 'et ketobuhtuhka 하우칼 레카벨 에트 케토브트카]

◆ "May I have your telephone number(내가 당신의 전화번호를 알 수 있겠습니까)?"

הַאוּכַל לְקַבֵּל אֶת מִסְפַּר הַטֶּלֶפוֹן שֶׁלָךְ (여자에게 말할 때)

[ha'ukal lekabel 'et misspar hatelepon shelak 하우칼 레카벨 에트 미쓰파르 하텔레폰 쉘라크]

הַאוּכַל לְקַבֵּל אֶת מִסְפַּר הַטֶּלֶפוֹן שֶׁלָךְ (남자에게 말할 때)

[ha'ukal lekabel 'et misspar hatelepon shelka 하우칼 레카벨 에트 미쓰파르 하텔레폰 쉘카]

◆ "What are you doing tonight(오늘밤 당신은 무엇을 할것입니까)?"

מָה אַתְּ עוֹשָׂה הָעֶרֶב (여자에게 말할 때)

[ma 'at 'ossah ha'ereb 마 아트 오싸 하에레브]

מָה אַתָּה עוֹשֶׂה הָעֶרֶב (남자에게 말할 때)

[ma 'ata 'osseh ha 'ereb 마 아타 오쎄 하에레브]

◆ "May I call on you again(내가 당신을 다시 방문해도 되겠습니까)?"

הַאִם אוּכַל לְבַקֵּר אוֹתָךְ שׁוּב (여자에게 말할 때)

[ha'im 'ukal lebaqer 'otak shub 하임 우칼 레바케르 오타크 슈브]

הַאִם אוּכַל לְבַקֵּר אוֹתָךְ שׁוּב (남자에게 말할 때)

[ha'im 'ukal lebaqer 'otka shub 하임 우칼 레바케르 오트카 슈브]

◆ "I have enjoyed myself very much(나는 매우 즐겁게 보냈습니다)."

נֶהֱנֵיתִי מְאֹד [neheneyti me'od 네헤네이티 메오드]

◆ "I had a very good time(나는 매우 유익한 시간을 가졌습니다)."

בִּלִּיתִי יָפֶה מְאֹד [biliti yapeh me'od 빌리티 야페 메오드]

◆ "Come to see us(우리를 만나러 오라)."

בֹּאִי לְבַקֵּר אוֹתָנוּ (여자에게 말할 때)
[bo'i lebaker 'otanu 보이 레바케르 오타누]

בֹּא לְבַקֵּר אוֹתָנוּ (남자에게 말할 때)
[bo lebaker 'otanu 보 레바케르 오타누]

◆ "I like you very much(나는 당신을 매우 좋아합니다)."

אַתְּ מוֹצֵאת חֵן בְּעֵינַי מְאֹד (여자에게 말할 때)

['at mozze't hen be'eynay me'od 아트 모쩨트 헨 베에이나

이 메오드]

אַתָּה מוֹצֵא חֵן בְּעֵינַי מְאֹד (남자에게 말할 때)

['atah mozze' hen be'eynay me'od 아타 모쩨 헨 베에이나

이 메오드]

◆ "I love you(나는 당신을 사랑합니다)."

אֲנִי אוֹהֶבֶת אוֹתְךָ (여자가 남자에게 말할 때)

['ani 'ohebet 'otka 아니 오헤베트 오트카]

אֲנִי אוֹהֵב אוֹתָךְ (남자가 여자에게 말할 때)

['ani 'oheb 'otak 아니 오헤브 오타크]

당신의 생각을 남에게 표현하라

לְהָבָנָה הֲדָדִית

레하바나 하다디트

* "Do you speak English(당신은 영어를 말할줄 아십니까)?"

הַאִם אַתְּ מְדַבֶּרֶת אַנְגְּלִית (여자에게 말할 때)

[ha'im 'at medaberet 'anglit 하임 아트 메다베레트 안글리트]

הַאִם אַתָּה מְדַבֵּר אַנְגְּלִית (남자에게 말할 때)

[ha'im 'atah medaber 'anglit 하임 아타 메다베르 안글리트]

* "Does anyone here speak English(누구든지 이 곳에서는 영어를 말해야 합니까)?"

הַאִם מִישֶׁהוּ פֹּה מְדַבֵּר אַנְגְּלִית

[ha'im mishehu poh medaber 'anglit 하임 미쉐후 포 메다베르 안글리트]

◆ "I speak only English(나는 단지 영어만을 말할 수 있습니다)."

אֲנִי מְדַבֶּרֶת רַק אַנְגְּלִית (여자가 말할 때)

['ani medabret rak 'anglit 아니 메다베레트 라크 안글리트]

אֲנִי מְדַבֵּר רַק אַנְגְּלִית (남자가 말할 때)

['ani medaber rak 'anglit 아니 메다베르 라크 안글리트]

◆ "I speak only Yiddish(나는 단지 이디시어만을 말할 수 있습니다)."

אֲנִי מְדַבֶּרֶת רַק אִידִיש (여자가 말할 때)

['ani medabret rak 'idish 아니 메다베레트 라크 이디쉬]

אֲנִי מְדַבֵּר רַק אִידִיש (남자가 말할 때)

['ani medaber rak 'idish 아니 메다베르 라크 이디쉬]

◆ "I speak only German(나는 단지 독일어만을 말할 수 있습니다)."

אֲנִי מְדַבֶּרֶת רַק גֶּרְמַנִית (여자가 말할 때)

['ani medabret rak germanit 아니 메다베레트 라크 게르마니트]

אֲנִי מְדַבֵּר רַק גֶּרְמַנִית (남자가 말할 때)

['ani medaber rak germanit 아니 메다베르 라크 게르마니트]

◆ "I speak only French(나는 단지 불어만을 말할 수 있습니다)."

אֲנִי מְדַבֶּרֶת רַק צָרְפָתִית (여자가 말할 때)

['ani medabret rak zzorpatit 아니 메다베레트 라크 쪼르파티트]

אֲנִי מְדַבֵּר רַק צָרְפָתִית (남자가 말할 때)

['ani medaber rak zzorpatit 아니 메다베르 라크 쪼르파티트]

◆ "Please speak more slowly(좀 더 천천히 말씀해 주시겠습니까)?"

נָא לְדַבֵּר יוֹתֵר לְאַט

[na' ledaber yoter le'at 나 레다베르 요테르 레아트]

◆ "I do not understand(나는 이해할 수 없다)."

אֵינֶנִּי מְבִינָה (여자가 말할 때)

['eyneni mebinah 에이네니 메비나]

אֵינֶנִּי מֵבִין (남자가 말할 때)

['eyneni mebin 에이네니 메빈]

◆ "Do you understand me(당신은 나를 이해 하시겠습니까)?"

הַאִם אַתְּ מְבִינָה אוֹתִי (여자에게 말할 때)

[ha'im 'at mebinah 'oti 하임 아트 메비나 오티]

הַאִם אַתָּה מֵבִין אוֹתִי (남자에게 말할 때)

[ha'im 'atah mebinah 'oti 하임 아타 메빈 오티]

◆ "I don't know(나는 모른다)."

אֵינֶנִּי יוֹדַעַת (여자가 말할 때)

['eyneni yoda'at 에이네니 요다아트]

אֵינֶנִּי יוֹדֵעַ (남자가 말할 때)

['eyneni yode'a 에이네니 요데아]

◆ "I don't think so(나는 그렇게 생각하지 않는다)."

אֵינֶנִּי סְבוּרָה כָּךְ (여자가 말할 때)

['eyneni sseburah kak 에이네니 쎄부라 카크]

אֵינֶנִּי סָבוּר כָּךְ (남자가 말할 때)

['eyneni ssabur kak 에이네니 싸부르 카크]

◆ "Repeat it, please(제발 그것을 반복해 주시겠습니까)?"

נָא לַחֲזוֹר עַל זֶה [na' lahazor 'al zeh 나 라하조르 알 제]

◆ "What is that(저것은 무엇입니까)?"

מַה זֶה [mah zeh 마 제]

◆ "What does that mean(저것은 무엇을 의미합니까)?"

מָה זֹאת אוֹמֶרֶת [mah zo't 'omeret 마 조트 오메레트]

◆ "How do you say _____ in Hebrew(당신은 _____을 히브리어로 어떻게 말합니까)?"

אֵיך אוֹמְרִים _____ בְּעִבְרִית

['eyk 'omuhrim _____ be'ibrit 에이크 오므림 ___ 베이브리트]

◆ "How do you spell _____(당신은 ___철자를 어떻게 씁니까)?"

אֵיך כּוֹתְבִים _____ בְּעִבְרִית

['eyk kotbim _____ be'ibrit 에이크 코트빔 ___ 베이브리트]

◆ "We need an interpreter(우리는 해석자가 필요합니다)."

נָחוּץ לָנוּ תֻּרְגְּמָן

[nahuzz lanu turguhman 나후쯔 라누 투르그만]

곤경에 빠졌을 때

קָשַׁיִים

퀘샤임

♦ "Where is the American Consulate(미국 영사관이 어디에 있습니까)?"

אֵיפֹה הַקוֹנסוֹלְיָה הָאֲמֵריקָאית

['eypoh haqonssulyah ha'amerika'it 에이포 하콘쑬야 하아메리카이트]

♦ "Where is the police station(경찰서가 어디에 있습니까)?"

אֵיפֹה תַחֲנַת הַמִשְׁטָרָה

['eypoh tahanat hamishtarah 에이포 타하나트 하미쉬타라]

◆ "Where is the lost and found office(분실물 찾는 곳은 어디에 있습니까)?"

אֵיפֹה מַחְלֶקֶת אֲבֵדוֹת וּמְצִיאוֹת

['eypoh mahuhleket 'abedot umezzi'ot 에이포 마흐레케트 아베도트 우메찌오트]

◆ "Where is the restroom or the toilet(화장실은 어디에 있습니까)?"

אֵיפֹה בֵּית הַשִּׁמּוּשׁ

['eypoh beyt hashimush 에이포 베이트 하쉬무쉬]

◆ "Can you help me(당신이 나를 도와줄 수 있습니까)?"

הֲתוּכְלִי לַעֲזֹר לִי(여자에게 말할 때)

[hatukuhli la 'azor li 하투클리 라아조르 리]

הֲתוּכַל לַעֲזֹר לִי(남자에게 말할 때)

[hatukal la 'azor li 하투칼 라아조르 리]

◆ "Can you tell me(당신이 나에게 말해 줄 수 있습니까)?"

הֲתוּכְלִי לוֹמַר לִי (여자에게 말할 때)

[hatukuhli lomar li 하투클리 로마르 리]

הֲתוּכַל לוֹמַר לִי (남자에게 말할 때)

[hatukal lomar li 하투칼 로마르 리]

- "I am looking for my friends(나는 나의 친구를 찾고 있습니다)."

אֲנִי מְחַפֶּשֶׂת אֶת חֲבֵרַי (여자가 말할 때)

['ani mehapesset 'et haberay 아니 메하페쎄트 에트 하베라이]

אֲנִי מְחַפֵּשׂ אֶת חֲבֵרַי (남자가 말할 때)

['ani mehapess 'et haberay 아니 메하페쓰 에트 하베라이]

- "I cannot find my hotel(나는 내가 묵고 있는 호텔을 찾을 수 없다)."

אֵינֶנִּי יְכוֹלָה לִמְצֹא אֶת הַמָּלוֹן שֶׁלִּי (여자가 말할 때)

['eyneni yekolah limuhzzo' 'et hamalon sheli 에이네니 예콜라 리므쪼 에트 하말론 쉘리]

אֵינֶנִּי יָכוֹל לִמְצֹא אֶת הַמָּלוֹן שֶׁלִּי (남자가 말할 때)

['eyneni yakol limuhzzo' 'et hamalon sheli 에이네니 야콜 리므쪼 에트 하말론 쉘리]

- "I do not remember the number(나는 그 번호[숫자]를 기억할 수 없다)."

אֵינֶנִּי זוֹכֵר זוֹכֶרֶת אֶת הַמִּסְפָּר

['eyneni zoker zokeret 'et hamisspar 에이네니 조케르 조게

레트 에트 하미쓰파르]

◆ "I do not remember the street(나는 그 거리를 기억할 수 없다)."

אֵינֶנִּי זוֹכֵר זוֹכֶרֶת אֶת הָרְחוֹב

['eyneni zoker zokeret 'et harhob 에이네니 조케르 조게레트 에트 하르호브]

◆ "I have lost my purse(나는 나의 지갑을 잃어버렸다)."

אִבַּדְתִּי אֶת הָאַרְנָק שֶׁלִי

['ibaduhti 'et ha'arnak sheli 이바드티 에트 하아르나크 쉘리]

◆ "It is not my fault(그것은 나의 잘못이 아니다)."

זוּ לֹא אַשְׁמָתִי

[zu lo' 'ashmati 주 로 아쉬마티]

◆ "I forgot my keys(나는 나의 열쇠를 두고 왔다)."

שָׁכַחְתִּי אֶת מַפְתְּחוֹתַי

[shakahuhti 'et mapuhtehotai 샤카흐티 에트 마프테호타이]

◆ "I forgot my money(나는 나의 돈을 두고 왔다).

שָׁכַחְתִּי אֶת כַּסְפִּי

[shakahuhti 'et kasspi 샤카흐티 에트 카쓰피]

◆ "I have missed the train(나는 기차를 놓쳤다)."

אֵחַרְתִּי אֶת הָרַכֶּבֶת

['eharuhti 'et haraqebet 에하르티 에트 하라케베트]

◆ "What am I to do(내가 무엇을 해야 합니까)?"

מֶה עָלַי לַעֲשׂוֹת

[meh 'alay la'assot 메 알라이 라아쏘트]

◆ "Where are we going(우리가 어디로 갑니까)?"

לְאָן אֲנַחְנוּ הוֹלְכִים

[le'an 'anahuhnu holkim 레안 아나흐누 홀킴]

◆ "Go away(떠나라, 가버려라)"

לְכִי מִפֹּה (여자에게 말할 때)

[leki mipoh 레키 미포]

לֵךְ מִפֹּה (남자에게 말할 때)

[lek mipoh 레크 미포]

◆ "I will call a policeman(나는 경찰관을 부를 것이다)."

אֶקְרָא לְשׁוֹטֵר

['ekra' leshoter 에크라 레쇼테르]

◆ "My money has been stolen(나의 돈을 도난당했다, 도둑맞았
다)."

גָּנְבוּ לִי אֶת כַּסְפִּי

[ganbu li 'et kasspi 간부 리 에트 카쓰피]

- ◆ "Help(도와주세요)!"

הַצִּילוּ [hazzilu 하찔루]

- ◆ "Fire(불이야)!"

שְׂרֵפָה [sserepah 쎄레파]

- ◆ "Thief(도둑이야)!"

גַּנָּב [ganab 가나브]

제3부

공항세관에서 여행지까지

세관에서
מֶכֶס
메케쓰

◆ "Where is the customs(세관이 어디에 있습니까)?"

אֵיפֹה הַמֶּכֶס ['eypoh hamekess 에이포 하메케쓰]

◆ "Here is my baggage(여기 나의 짐, 수화물이 있습니다)."

הִנֵּה הַמִּזְוָדוֹת שֶׁלִי

[hineh hamizvadot sheli 히네 하미즈바도트 쉘리]

◆ "Here is my health certificate(여기 나의 건강증명서가 있습니다)."

הִנֵּה תְּעוּדַת בְּרִיאוּת שֶׁלִּי

[hineh te'udat beri'ut sheli 히네 테우다트 베리우트 쉘리]

◆ "Here is my identification(여기 나의 신분증이 있습니다)."

הִנֵּה תְּעוּדַת זֶהוּת שֶׁלִּי

[hineh te'udat zehut sheli 히네 테우다트 제후트 쉘리]

◆ "Here is my passport(여기 나의 여권이 있습니다)."

הִנֵּה דַּרְכּוֹן שֶׁלִּי

[hineh darkon sheli 히네 다르콘 쉘리]

◆ "In this suitcase I have gifts(이 여행 가방 안에 나는 선물을 가지고 있습니다)."

בְּמִזְוָדָה זוֹ יֵשׁ לִי מַתָּנוֹת

[bemizvadah zu yesh li matanot 베미즈바다 주 예쉬 리 마타노트]

◆ "The five pieces to your left are mine(당신의 왼쪽에 있는 다섯개는 내것이다)."

חֲמֵשֶׁת הַחֲתִיכוֹת לִשְׂמֹאלְךָ הֵן שֶׁלִּי

[hameshet hahatikot lessmo'lka hen sheli 하메쉐트 하하티

코트 레쓰몰카 헨 쉘리]

◆ "The five pieces to your right are mine(당신의 오른 쪽에 있는 다섯개는 내것이다)."

חֲמֵשֶׁת הַחֲתִיכוֹת לִימִינְךָ הֵן שֶׁלִּי

[hameshet hahatikot liminka hen sheli 하메쉐트 하하티코트 리민카 헨 쉘리]

◆ "I cannot find all my baggage(나는 나의 모든 짐을 찾을 수 없다)."

אֵינֶנִּי יְכוֹלָה לִמְצֹא אֶת כָּל הַמִּזְוָדוֹת שֶׁלִּי (여자가 말할 때)

['eyneni yekolah limzzo' 'et kol hamizvadot sheli 에이네니 예콜라 림쪼 에트 콜 하미즈바도트 쉘리]

אֵינֶנִּי יָכֹל לִמְצֹא אֶת כָּל הַמִּזְוָדוֹת שֶׁלִּי (남자가 말할 때)

['eyneni yakol limzzo' kol hamizvadot sheli 에이네니 야콜 림쪼 에트 콜 하미즈바도트 쉘리]

◆ "I have nothing to declare(내가 밝혀야 할 것이 아무것도 없다)."

אֵין לִי מַה לְהַצְהִיר

[’eyn li mah lehazzhir 에인 리 마 레하쯔히르]

◆ “I have something to declare(내가 밝혀야 할 것이 있다).”

יֵשׁ לִי מַה לְהַצְהִיר

[yesh li mah lehazzhir 예쉬 리 마 레하쯔히르]

◆ “Must I open everything(내가 반드시 모든 것을 밝혀야[공개해야] 합니까)?”

הַאִם עָלַי לִפְתֹחַ אֶת הַכֹּל

[ha’im ‘alay lipuhtoah ’et hakol 하임 알라이 리프토아흐 에트 하콜]

◆ “I cannot open the suitcase(나는 그 여행가방을 열수 없다).”

אֵינֶנִּי יְכוֹלָה לִפְתֹחַ אֶת הַמִּזְוָדָה (여자가 말할 때)

[’eyneni yekolah lipuhtoah ’et hamizvadah 에이네니 예콜라 리프토아흐 에트 하미즈바다]

אֵינֶנִּי יָכֹל לִפְתֹחַ אֶת הַמִּזְוָדָה (남자가 말할 때)

[’eyneni yakol lipuhtoah ’et hamizvadah 에이네니 야콜 리프토아흐 에트 하미즈바다]

◆ “All this is for my personal use(이 모든 것은 내가 개인적으로 사용하기 위한 것이다).”

כָּל אֵלֶּה הֵם צְרָכַי הַפְּרָטִיִּים

[kol 'eleh hem zzerakay hapuhratiyim 콜 엘레 헴 쩨라카이 하프라티임]

◆ "There is nothing here but clothing(여기에 의류를 제외하고는 아무것도 없다)."

אֵין פֹּה דָּבָר חוּץ מִבְּגָדִים

['eyn poh dabar huzz mibuhgadim 에인 포 다바르 후쯔 미 브가딤]

◆ "Are these things dutiable(이 물건들은 관세가 부과됩니까)?"

הַאִם חֲפָצִים אֵלֶּה חַיָּבִים מֶכֶס

[ha'im hapazzim 'eleh hayabim mekess 하임 하파찜 엘레 하야빔 메케쓰]

◆ "That is all I have(저것이[그것은] 내가 가진 모든 것입니 다)."

זֶה כָּל מַה שֶׁיֵּשׁ לִי

[zeh kol mah sseyesh li 제 콜 마 쎄예쉬 리]

◆ "How much must I pay(얼마를 내가 반드시 지불해야 합니 까)?"

כַּמָּה עָלַי לְשַׁלֵּם

[kamah 'alay leshalem 카마 알라이 레샬렘]

◆ "Have you finished(당신은 끝마쳤습니까)?"

הַאִם גָּמַרְתָ

[ha'im gamarta 하임 가마르타]

수하물(짐)

מִטְעָן

미트안

◆ "I want to leave these bags here for a few days(나는 몇일동안 이 가방들을 여기에 놓아두기를 원한다)."

אֲנִי רוֹצָה לְהַשְׁאִיר פֹּה אֶת הַמִּזְוָדוֹת הָאֵלוּ לְכַמָּה יָמִים (여자가 말할 때)

['ani rozzah lehash'ir po et hamizvadot ha'elu lekamah yamim 아니 로짜 레하쉬이르 포 에트 하미즈바도트 하엘루 레카마 야밈]

אֲנִי רוֹצֶה לְהַשְׁאִיר פֹּה אֶת הַמִּזְוָדוֹת הָאֵלוּ לְכַמָּה יָמִים (남자가 말할 때)

['ani rozzeh lehash'ir po et hamizvadot ha'elu lekamah yamim 아니 로쩨 레하쉬이르 포 에트 하미즈바도트 하엘루 레카마 야밈]

◆ "Where is the baggage checked(짐은 어디에서 검사합니까)?"

אֵיפֹה מוֹסְרִים אֶת הַמִּטְעָן

['eypoh mossrim 'et hamit'an 에이포 모쓰림 에트 하미트안]

◆ "the receipt(영수증)"

הַקַּבָּלָה [hakabalah 하카발라]

◆ "the number(수, 번호)"

הַמִּסְפָּר [hamisspar 하미쓰파르]

◆ "the baggage room(짐칸, 수화물 방)"

מַחְסַן הַמִּטְעָן [mahuhssan hamit'an 마흐싼 하미트안]

◆ "Can I check my baggage through to Young Mee(내가 영미로부터 온 나의 짐을 철저하게 점검 할 수 있습니까)?"

הַאוּכַל לִשְׁלֹחַ אֶת חֲפָצַי יָשָׁר לְיַנג מִי

[ha'ukal lishelohah 'et hapazzai yashar liyoung mi 하우칼 리쉘로아흐 에트 하파짜이 야샤르 리영 미]

◆ "I have come to take out my baggage(나는 내 짐을 꺼내기 위
하여 왔습니다)."

בָּאתִי לְקַבֵּל אֶת חֲפָצַי

[ba'ti leqabel 'et hapazzai 바티 레카벨 에트 하파짜이]

◆ "Where can I find a porter(내가 어디서 짐꾼을 찾을 수 있습
니까)?"

אֵיפֹה אֶמְצָא סַבָּל

['eypoh 'emuhzza' ssabal 에이포 에므짜 싸발]

◆ "What is your number(당신의 번호는 어떻게 됩니까)?"

מַה מִסְפָּרְךָ [mah missparka 마 미쓰파르카]

◆ "Follow me, please(나를 따라와 주시겠습니까)?"

נָא לָבוֹא אִתִּי [na' labo' 'iti 나 라보 이티]

◆ "Handle this cerefully, please(제발, 이것은 조심해서 다루어
주세요)."

נָא לְהִזָּהֵר עִם זֶה

[na' lehizaher 'im zeh 나 레히자헤르 임 제]

◆ "Put it all in a taxi(그것 모두 택시 안에 넣어라)."

שִׂים אֶת הַכֹּל בְּטַקְסִי(남자에게 말할 때)

[sim 'et hakol betakssi 심 에트 하콜 베탁씨]

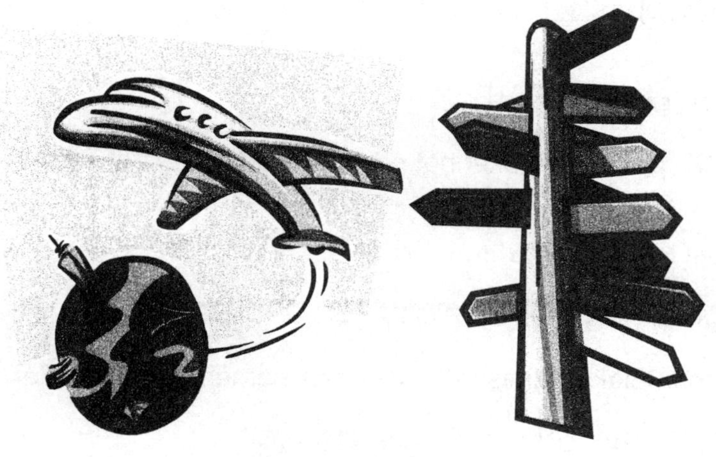

여행지에서

נְסִיעָה כִּוּוּנִים

네씨아 키우우님

- "Can you recommend a travel agent(당신은 여행 대행업자를 추천해 주실수 있습니까)?"

הַתוּכְלִי לְהַמְלִיץ עַל סוֹכֵן נְסִיעוֹת (여자에게 말할 때)

[hatukli lehamuhlizz 'al ssoken nessi'ot 하투클리 레하믈리쯔 알 쏘켄 네씨오트]

הַתוּכַל לְהַמְלִיץ עַל סוֹכֵן נְסִיעוֹת (남자에게 말할 때)

[hatukal lehamuhlizz 'al ssoken nessi'ot 하투칼 레하믈리쯔

알 쏘켄 네씨오트]

◆ "travel agency(여행안내소)"

סוֹכְנוּת נְסִיעוֹת [ssokuhnot nessi'ot 쏘크노트 네씨오트]

◆ "I want to go to the airline office (나는 항공사에 가고 싶다)."

בִּרְצוֹנִי לָלֶכֶת לְמִשְׂרַד הַתְעוּפָה הַמֶמְשַׁלְתִּי

[birzzoni laleket lemisrad hate'upah hamemshalti 비르쪼니 랄레케트 레미스라드 하테우파 하멤샬티]

◆ "I want to go to the government tourist office(나는 정부여행담 당국에 가고 싶다)."

בִּרְצוֹנִי לָלֶכֶת לְמִשְׂרַד הַתַּיָרוּת הַמֶמְשַׁלְתִּי

[birzzoni laleket lemisrad hatayarut hamemshalti 비르쪼니 랄레케트 레미스라드 하타야루트 하멤샬티]

◆ "Is the bus stop nearby(가까운 곳에 버스 정류소가 있습니까)?"

הַאִם תַּחֲנַת הָאוֹטוֹבּוּסִים קְרוֹבָה לְכָאן

[ha'im tahanat ha'otobussim keroba leka'n 하임 타하나트 하오토부씸 케로바 레카안]

◆ "How long will it take to go to the airport(공항까지 가는데 시

간이 얼마나 걸립니까)?"

כַּמָּה זְמַן לוֹקַחַת הַנְּסִיעָה לִשְׂדֵה הַתְּעוּפָה

[kamah zeman lokahat hanessi'ah lissdeh hat'upah 카마 제만 로카하트 하네씨아 리쓰데 하트우파]

◆ "When will we arrive at Israel(언제 우리가 이스라엘에 도착하겠습니까)?"

מָתַי נַגִּיעַ לְיִשְׂרָאֵל

[matai nagi'a leyissuhrael 마타이 나기아 레이쓰라엘]

◆ "Is this the direct way to Israel(이곳이 이스라엘로 가는 직행로 입니까)?"

הַאִם זוֹ הַדֶּרֶךְ לָרֹבַע הַיְשִׁירָה לְיִשְׂרָאֵל

[ha'im zo haderek laroba' hayeshirah leyissuhrael 하임 조 하데렉 라로바 하예쉬라 레이쓰라엘]

◆ "Please tell me the way to the business section(영업부로 가는 길을 나에게 말해주시겠습니까)?"

נָא לְהַגִּיד לִי אֶת הַדֶּרֶךְ לָרֹבַע הַמִּסְחָרִי

[na' lehagid li 'et haderek laroba' hamisshari 나 레하기드 리 에트 하데렉 라로바 하미쓰하리]

◆ "Please tell me the way to the shops(상점으로 가는 길을 나에

게 말해주시겠습니까)?”

נָא לְהַגִּיד לִי אֶת הַדֶּרֶךְ לַחֲנֻיּוֹת

[na' lehagid li 'et haderek lahanuyot 나 레하기드 리 에트 하데렉 라하누요트]

- “Please tell me the way to the residential section(주택부로 가는 길을 나에게 말해주시겠습니까)?”

נָא לְהַגִּיד לִי אֶת הַדֶּרֶךְ לִרֹבַע הַמְּגוּרִים

[na' lehagid li 'et haderek leroba' hamgurim 나 레하기드 리 에트 하데렉 레로바 함구림]

- “Should I turn to the east(내가 동쪽으로 돌아가야 합니까)?”

הַאִם עָלַי לִפְנוֹת מִזְרָחָה

[ha'im 'alay lipuhnot mizrahah 하임 알라이 리프노트 미즈라하]

- “Should I turn to the west(내가 서쪽으로 돌아가야 합니까)?”

הַאִם עָלַי לִפְנוֹת מַעֲרָבָה

[ha'im 'alay lipuhnot ma'arabah 하임 알라이 리프노트 마아라바]

- “Should I turn to the north(내가 북쪽으로 돌아가야 합니까)?”

הַאִם עָלַי לִפְנוֹת צָפוֹנָה

[ha'im 'alay lipuhnot zzaponah 하임 알라이 리프노트 짜포나]

◆ "Should I turn to the south(내가 남쪽으로 돌아가야 합니까)?"

הַאִם עָלַי לִפְנוֹת דָּרוֹמָה

[ha'im 'alay lipuhnot daromah 하임 알라이 리프노트 다로마]

◆ "Should I turn to the right(내가 오른쪽으로 돌아가야 합니까)?"

הַאִם עָלַי לִפְנוֹת יְמִינָה

[ha'im 'alay lipuhnot yeminah 하임 알라이 리프노트 예미나]

◆ "Should I turn to the left(내가 왼쪽으로 돌아가야 합니까)?"

הַאִם עָלַי לִפְנוֹת שְׂמֹאלָה

[ha'im 'alay lipuhnot semo'lah 하임 알라이 리프노트 세몰라]

◆ "Should I turn at the traffic light (내가 교통신호등에서 돌아가야 합니까)?"

הַאִם עָלַי עַל יַד הָרַמְזוֹר

[ha'im 'alay 'al yad haramzor 하임 알라이 알 야드 하람조

르]

* "It is on this side of the street, isn't it(그것은 거리[도로] 이쪽
  에 있습니다. 그렇지 않습니까)?"

זֶה בַּצַּד הַזֶּה שֶׁל הָרְחוֹב לֹא כֵן

[zeh bazzad hazeh shel harhob lo ken 제 바짜드 하제 쉘
하르호브 로 켄]

* "It is on the other side of the boulevard, isn't it(그것은 넓은 도
  로[가로수]의 다른쪽에 있습니다. 그렇지 않습니까)?"

זֶה בַּצַּד הָאַחֵר שֶׁל הַשְׂדֵרָה לֹא כֵן

[zeh bazzad ha'aher shel hashederah lo ken 제 바짜드 하
아헤르 쉘 하쉐데라 로 켄]

* "It is at the corner, isn't it(그것은 모퉁이에 있습니다. 그렇지
  않습니까)?"

זֶה בַּפִּנָּה לֹא כֵן

[zeh bapinah lo ken 제 바피나 로 켄]

* "It is across the bridge, isn't it(그것은 다리를 건너서 있습니
  다. 그렇지 않습니까)?"

זֶה מֵעֵבֶר לַגֶּשֶׁר לֹא כֵן

[zeh me'eber lagesher lo ken 제 메에베르 라게쉐르 로 켄]

◆ "It is inside the station, isn't it(그것은 역내에 있습니다. 그렇지 않습니까)?"

זֶה בַּתַּחֲנָה לֹא כֵן

[zeh batahanah lo ken 제 바타하나 로 켄]

◆ "It is outside the building, isn't it(그것은 건물 외부에 있습니다. 그렇지 않습니까)?"

זֶה מְחוּץ לַבִּנְיָן לֹא כֵן

[zeh mihuzz labinyan lo ken 제 미후쯔 라빈얀 로 켄]

◆ "It is opposite the city hall, isn't it(그것은 시청 반대쪽에 있습니다. 그렇지 않습니까)?"

זֶה מוּל הָעִירִיָּה לֹא כֵן

[zeh mul ha'iriyah lo ken 제 물 하이리아 로 켄]

◆ "It is beside the cafe, isn't it(그것은 카페 건물 옆에 있습니다. 그렇지 않습니까)?"

זֶה עַל יַד בֵּית הַקָּפֶה לֹא כֵן

[zeh 'al yad beyt hakapeh lo ken 제 알 야드 베이트 하카페 로 켄]

◆ "It is in front of the house, isn't it(그것은 그 집 앞에 있습니다. 그렇지 않습니까)?"

זֶה לִפְנֵי הַבַּיִת לֹא כֵן

[zeh lipuhney habait lo ken 제 리프네이 하바이트 로 켄]

* "It is behind the school, isn't it(그것은 학교 뒤에 있습니다.
그렇지 않습니까)?"

זֶה מֵאֲחוֹרֵי בֵּית הַסֵּפֶר לֹא כֵן

[zeh me'ahorey beyt hasseper lo ken 제 메아호레이 베이
트 하쎄페르 로 켄]

* "It is straight ahead from the square, isn't it(그것은 그 광장에
서 앞으로 똑바로 가시면 있습니다. 그렇지 않습니까)?"

זֶה יָשָׁר מֵהַכִּכָּר לֹא כֵן

[zeh yashar mehakikar lo ken 제 야샤르 메하키카르 로
켄]

* "It is in the middle of the circle, isn't it(그것은 원 중앙에 있습
니다. 그렇지 않습니까)?"

זֶה בְּאֶמְצַע הַמַּעְגָּל לֹא כֵן

[zeh be'emzza ' hama'agal lo ken 제 베엠짜 하마아갈 로
켄]

* "It is forward, isn't it(그것은 앞쪽에 있습니다. 그렇지 않습
니까)?"

זֶה קָדִימָה לֹא כֵן

[zeh kadimah lo ken 제 카디마 로 켄]

* "It is backward, isn't it(그것은 뒤쪽에 있습니다. 그렇지 않습니까)?"

זֶה חֲזָרָה לֹא כֵן

[zeh hazarah lo ken 제 하자라 로 켄]

* "It is in this direction, isn't it(그것은 이 방향에 있습니다. 그렇지 않습니까)?"

זֶה בְּכִוּוּן זֶה לֹא כֵן

[zeh bekiuun zeh lo ken 제 베키우운 제 로 켄]

* "Is it near(그것이 가까이에 있습니까)?"

הַאִם זֶה קָרוֹב

[ha'im zeh karob 하임 제 카로브]

* "What is the distance(거리가 얼마나 됩니까)?"

מַה הַמֶּרְחָק [mah hamerhak 마 하메르학]

* "How does one go there(우리가 어떻게 거기를 갑니까)?"

אֵיךְ הוֹלְכִים לְשָׁם ['eyk holkim lesham 에이크 홀킴 레샴]

◆ "Can I walk there(내가 거기에 걸어갈수 있습니까)?"

הַאוּכַל לָלֶכֶת לְשָׁם בָּרֶגֶל

[ha'ukal laleket lesham baregel 하우칼 랄레케트 레샴 바레겔]

◆ "Which is the fastest way(어느 길이 가장 빠른 길입니까)?"

מַהִי הַדֶּרֶךְ הַמְּהִירָה בְּיוֹתֵר

[mahi haderek hamhirah beyoter 마히 하데레크 함히라 베요테르]

◆ "Am I going in the right direction(내가 올바른 방향으로 가고 있습니까)?"

הַאִם אֲנִי הוֹלֶכֶת בְּכִּווּן הַנָּכוֹן (여자가 말할 때)

[ha'im 'ani holeket bakiuun hanakon 하임 아니 홀레케트 바키우운 하나콘]

הַאִם אֲנִי הוֹלֵךְ בְּכִּווּן הַנָּכוֹן (남자가 말할 때)

[ha'im 'ani holek bakiuun hanakon 하임 아니 홀렉 바키우운 하나콘]

제4부
대중교통 이용하기

승차권 구입하기

כַּרְטִיסִים

카르티씸

- ◆ "Where is the ticket office(매표소가 어디에 있습니까)?"

אֵיפֹה הַקֻּפָּה

['eypoh hakupah 에이포 하쿠파]

- ◆ "Where is the waiting room(대합실이 어디에 있습니까)?"

אֵיפֹה חֲדַר הַהַמְתָּנָה

['eypoh hadar hahamtanah 에이포 하다르 하함타나]

- ◆ "Where is the information bureau(정보부가 어디에 있습니까)?"

אֵיפֹה מִשְׂרַד הַמּוֹדִיעִין

['eypoh missrad hamodi'in 에이포 미쓰라드 하모디인]

◆ "How much is a one-way ticket to Israel(이스라엘로 가는 편도 승차권이 얼마입니까)?"

כַּמָּה עוֹלֶה כַּרְטִיס לִנְסִיעָה אַחַת לְיִשְׂרָאֵל

[kamah 'oleh kartiss linssiah 'ahat leyissuhrael 카마 올래 카르티쓰 린씨아 아하트 레이쓰라엘]

◆ "How much is a round trip to Israel(이스라엘로 가는 왕복여행 승차권은 얼마입니까)?"

כַּמָּה עוֹלֶה כַּרְטִיס הָלוֹך וְחָזוֹר לְיִשְׂרָאֵל

[kamah 'oleh kartiss halok vehazor leyissuhrael 카마 올래 카르티쓰 할록 베하조르 레이쓰라엘]

◆ "I want a ticket(나는 승차권 한장을 구합니다)."

אֲבַקֵּשׁ כַּרְטִיס

['abakesh kartiss 아바케쉬 카르티쓰]

◆ "I want a front seat(나는 앞 좌석을 원합니다)."

אֲבַקֵּשׁ מָקוֹם קִדְמִי

['abakesh makom kidmi 아바케쉬 마콤 키드미]

◆ "I want a seat near the window(나는 창문 가까운 좌석을 원합

니다).”

אֲבַקֵּשׁ מָקוֹם עַל יַד הַחַלּוֹן

['abakesh makom 'al yad hahalon 아바케쉬 마콤 알 야드
하할론]

◆ “I want a reserved seat(나는 예약석을 구합니다).”

אֲבַקֵּשׁ מָקוֹם שָׁמוּר

['abakesh makom shamur 아바케쉬 마콤 샤무르]

◆ “I want a timetable(나는 시간표를 구합니다).”

אֲבַקֵּשׁ לוּחַ נְסִיעוֹת

['abakesh luah nessi 'ot 아바케쉬 루아흐 네씨오트]

◆ “I want to go first class(나는 1등실에 가고 싶습니다).”

בִּרְצוֹנִי לִנְסוֹעַ בְּמַחְלְקָה רִאשׁוֹנָה

[birzzoni linsso'a bemahluhkah ri'shonah 비르쪼니 린쏘아
베마흐르카 리쇼나]

◆ “I want to go second class(나는 2등실에 가고 싶다).”

בִּרְצוֹנִי לִנְסוֹעַ בְּמַחְלְקָה שְׁנִיָּה

[birzzoni linsso'a bemahluhkah sheniyah 비르쪼니 린쏘아
베마흐르카 쉐니야]

◆ "Can I get something to eat on this trip(내가 이 여행기간 동안 먹을 것을 구입할 수 있습니까)?"

הַאוּכַל לְקַבֵּל מַשֶּׁהוּ לֶאֱכֹל בַּדֶּרֶךְ

[ha'ukal lekabel mashehu le'ekol baderek 하우칼 레카벨 마쉐후 레에콜 바데레크]

◆ "May I stop at Bethlehem on the way(내가 도중에 베들레헴에서 잠시 멈추어도 되겠습니까)?"

הַאוּכַל לִשְׁהוֹת בְּבֵית־לֶחֶם בַּדֶּרֶךְ

[ha'ukal lishhot bebeyt-lehem baderek 하우칼 리쉬호트 베베이틀레헴 바데레크]

◆ "Can I go by way of Bethlehem(내가 베들레헴으로 경유하여 갈 수 있습니까)?"

הַאוּכַל לִנְסוֹעַ דֶּרֶךְ־בֵּית־לֶחֶם

[ha'ukal linsso'a derek-beyt-lehem 하루칼 린쏘아 데레크베이틀 레헴]

◆ "How long is this ticket good for(이 승차권의 유효기간이 얼마입니까)?"

לְכַמָּה זְמַן יָפֶה כּוֹחוֹ שֶׁל כַּרְטִיס זֶה

[lekamah zeman yapeh koho shel kartiss zeh 레카마 제만

야페 코호 쉘 카르티쓰 제]

◆ "How many valises may I take(여행용 손가방을 내가 몇개나 가지고 갈 수 있습니까)?"

כַּמָּה מִזְוָדוֹת אוּכַל לָקַחַת

[kamah mizvadot 'ukal lakahat 카마 미즈바도트 우칼 라카하트]

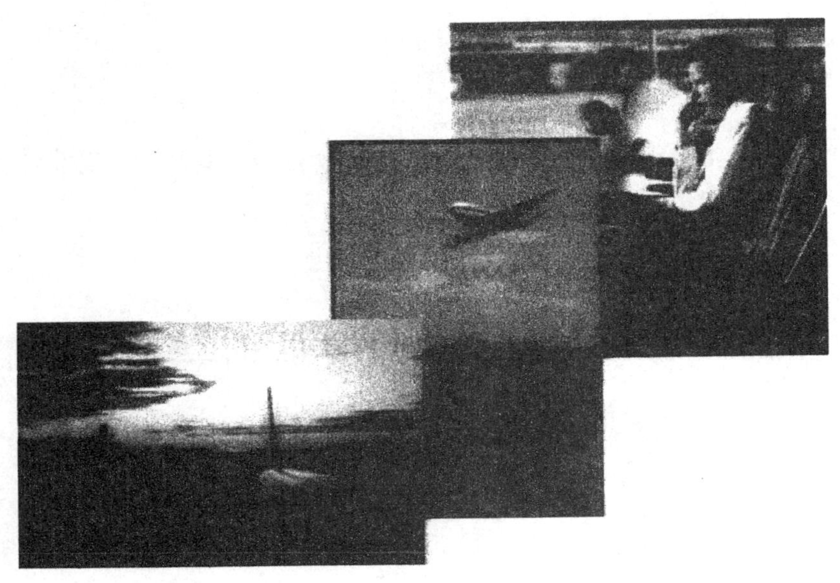

비행기

אֲוִירוֹן

아비론

* "Is there bus service to the airport(공항까지 버스 운행을 합니까)?"

הַאִם יֵשׁ שֵׁרוּת אוֹטוֹבּוּסִים לִשְׂדֵה הַתְּעוּפָה

[ha'im yesh sherut 'otobussim lisdeh hat 'upah 하임 예쉬 쉐루트 오토부씸 리쓰데 하트우파]

* "When is there a plane to Israel(이스라엘로 가는 비행기가 언제 있습니까)?"

מָתַי יוֹצֵא אֲוִירוֹן לְיִשְׂרָאֵל

[matay yozze' 'aviron leyissuhrael 마타이 요쩨 아비론 레이쓰라엘]

◆ "What is the flight number(비행기 번호가 어떻게 됩니까)?"

מַה מִסְפַּר הַטִּיסָה

[mah misspar hatissah 마 미쓰파르 하티싸]

◆ "I have a confirmed reservation(나는 확실히 예약을 해 두었습니다)."

יֵשׁ לִי הַזְמָנָה מְאֻשֶּׁרֶת

[yesh li hazmanah me'usheret 예쉬 리 하즈마나 메우쉐레트]

◆ "Is food served on the plane(비행기에서 음식이 제공됩니까)?"

הַאִם יַגִּישׁוּ אֹכֶל בָּאֲוִירוֹן

[ha'im yagishu 'okel ba'aviron 하임 야기슈 오켈 바아비론]

◆ "How many kilos may I take(몇 킬로를 내가 갈 수 있습니까)?"

כַּמָּה קִילוֹ מֻתָּר לִי לָקַחַת

[kamah kilo mutar li lakahat 카마 킬로 무타르 리 라카하트]

◆ "How much per kilo for excess baggage(매 킬로마다 초과한 수화물 비용은 얼마나 됩니까)?"

כַּמָה עוֹלֶה הַקִילוֹ מֵעַל לַמִשְׁקָל הַמֻתָר

[kamah 'oleh hakilo me'al lamishkal hamutar 카마 올레 하 킬로 메알 라미스칼 하무타르]

보트

אֳנִי
아니야

- "Bon voyage(즐거운 여행이 되시기를 바랍니다)!"

נְסִיעָה טוֹבָה

[nessi 'ah tobah 네씨아 토바]

- "All aboard please(여러분 배에 타십시오)."

לַעֲלוֹת בְּבַקָשָׁה

[la'alot bebakashah 라아로트 베바카샤]

- "Is it time to go on board(승선할 시간입니까)?"

הַאִם הִגִּיעַ הַזְמַן לַעֲלוֹת עַל הָאֳנִיָה

[ha'im higi 'a hazman la'alot 'al ha'oniyah 하임 히기아 하 즈만 라아로트 알 하오니야]

◆ "When does the next boat leave(다음 배는 언제 출발합니까)?"

מָתַי תַּפְלִיג הָאֳנִיָּה הַבָּאָה

[matay tapuhlig ha'oniyah haba'ah 마타이 타플리그 하오니야 하바아]

◆ "Can I land at Israel(내가 이스라엘에 상륙할 수 있습니까)?"

הַאוּכַל לָרֶדֶת בְּיִשְׂרָאֵל

[ha'ukal laredet beyissuhrael 하우칼 라레데트 베이쓰라엘]

◆ "Please prepare my bed(나의 침대를 준비해 주십시오)."

אֲבַקֵּשׁ לַעֲשׂוֹת אֶת מִטָּתִי

['abakesh la'asot 'et mitati 아바케쉬 라아쏘트 에트 미타티]

◆ "Please open the porthole(배의 현창(舷窓)을 열어주십시오)."

אֲבַקֵּשׁ לִפְתּוֹחַ אֶת הַחַלּוֹן

['abakesh lipuhtoah 'et hahalon 아바케쉬 리프토아흐 에트 하할론]

♦ "Please open the ventilator(배의 환기창을 열어주십시요)."

אֲבַקֵשׁ לִפְתּוֹחַ אֶת הַמְאַוְרֵר

['abakesh lipuhtoah 'et hamuh'averer 아바케쉬 리프토아흐 에트 하므아베레르]

♦ "I want to rent a deck chair(내가 배의 접는 의자를 빌리기를 원합니다)."

בִּרְצוֹנִי לִשְׂכּוֹר כִּסֵּא מַרְגּוֹעַ

[barzzoni lisskor kisse' marggo'a 바르쪼니 리쓰코르 키쎄 마르고아]

♦ "Where can I find the purser(내가 어디에서 사무장을 찾을 수 있습니까)?"

אֵיפֹה אֶמְצָא אֶת הַגִּזְבָּר

['eypoh 'emuhzza' 'et hagizbar 에이포 에므짜 에트 하기즈바르]

♦ "Where can I find the steward(내가 어디에서 급사를 찾을 수 있습니까)?"

אֵיפֹה אֶמְצָא אֶת הַמֶּלְצַר

['eypoh 'emuhzza' 'et hamelzzar 에이포 에므짜 에트 하멜짜르]

◆ "Where can I find the cabin steward(내가 어디에서 객실 급사를 찾을 수 있습니까)?"

אֵיפֹה אֶמְצָא אֶת מֶלְצַר הַתָּא

['eypoh 'emuhzza' 'et melzzar hatta' 에이포 에므짜 에트 멜짜르 하타]

◆ "Where can I find the captain(내가 어디에서 선장을 찾을 수 있습니까)?"

אֵיפֹה אֶמְצָא אֶת רַב הַחוֹבֵל

['eypoh 'emuhzza' 'et rab hahobel 에이포 에므짜 에트 라브 하호벨]

◆ "I am going to my cabin(나는 나의 선실에 가고 싶다)."

אֲנִי הוֹלֶכֶת לַתָּא שֶׁלִי (여자가 말할 때)

['ani holeket lata' sheli 아니 홀레케트 라타 쉘리]

אֲנִי הוֹלֵךְ לַתָּא שֶׁלִי (남자가 말할 때)

['ani holek lata' sheli 아니 홀렉 라타 쉘리]

◆ "I am going to the upper deck(나는 갑판 위쪽에 가고 싶다)."

אֲנִי הוֹלֶכֶת לַסִפּוּן הָעֶלְיוֹן (여자가 말할 때)

['ani holeket lassipun ha'elyon 아니 홀레케트 라씨푼 하엘욘]

אֲנִי הוֹלֵךְ לַסִּפּוּן הָעֶלְיוֹן (남자가 말할 때)

['ani holek lassipun ha'elyon 아니 홀렉 라씨푼 하엘욘]

◆ "I am going to the lower deck(나는 갑판 아래쪽에 가고 싶
다)."

אֲנִי הוֹלֶכֶת לַסִּפּוּן חַתַּחְתּוֹן (여자가 말할 때)

['ani holeket lassipun hatahuhton 아니 홀레케트 라씨푼 하
타흐톤]

אֲנִי הוֹלֵךְ לַסִּפּוּן חַתַּחְתּוֹן (남자가 말할 때)

['ani holek lassipun hatahuhton 아니 홀렉 라씨푼 하타흐
톤]

◆ "I am going to the dock(나는 도크[부두, 선창]에 가고 싶다)."

אֲנִי הוֹלֶכֶת לַנָּמֵל (여자가 말할 때)

['ani holeket lanamal 아니 홀레케트 라나말]

אֲנִי הוֹלֵךְ לַנָּמֵל (남자가 말할 때)

['ani holek lanamal 아니 홀렉 라나말]

◆ "I feel seasick(나는 베멀미가 난다)."

יֵשׁ לִי מַחֲלַת יָם

[yesh li mahalat yam 예쉬 리 마할라트 얌]

◆ "Do you have some dramamine(당신은 배 멀미약을 좀 가지고 있습니까)?"

הַאִם יֵשׁ לָךְ דְרָמָמִין(여자에게 말할 때)

[ha'im yesh lak deramamin 하임 예쉬 라크 데라마민]

הַאִם יֵשׁ לְךָ דְרָמָמִין (남자에게 말할 때)

[ha'im yesh leka deramamin 하임 예쉬 레카 데라마민]

◆ "the life boat(구명정 보트, 해난 구조선)"

סִירַת הַהַצָּלָה

[ssirat hahazzalah 씨라트 하하짤라]

◆ "the life presever(구명도구)"

חֲגוֹרַת הַהַצָּלָה

[hagorat hahazzalah 하고라트 하하짤라]

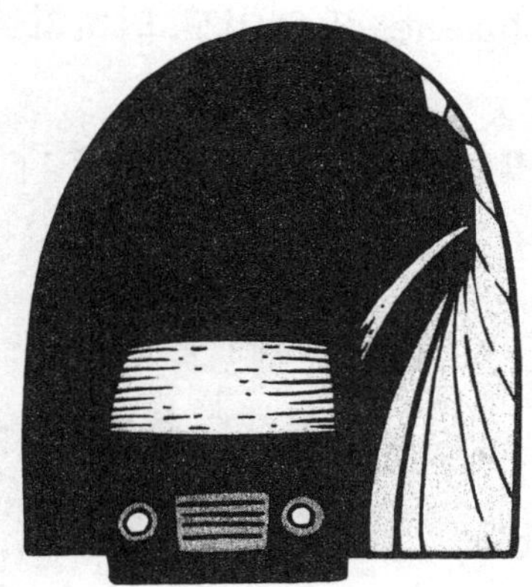

기차

רַכֶּבֶת

라케베트

- ◆ "the arrival(도착)"

הַהַגָּעָה

[hahaga'ah 하하가아]

- ◆ "the departure(출발)"

הַיְצִיאָה

[hayezzi'ah 하예찌아]

- ◆ "Where is the railroad station(기차역이 어디에 있습니까)?"

אֵיפֹה תַּחֲנַת הָרַכֶּבֶת

['eypoh tahanat harakebet 에이포 타하나트 하라케베트]

◆ "When does the train leave for Israel(이스라엘을 향해 기차가 언제 떠납니까)?"

מָתַי יוֹצֵאת הָרַכֶּבֶת לְיִשְׂרָאֵל

[matay yozze't harakebet leyissuhrael 마타이 요쩨트 하라케베트 레이쓰라엘]

◆ "Is the train from Bethlehem late(베들레헴으로부터 기차는 늦게 출발합니까)?"

הַאִם הָרַכֶּבֶת מִבֵּית-לֶחֶם תִּתְאַחֵר

[ha'im harakkebet mibeyt-lehem tit'aher 하임 하라케베트 미베이틀 레헴 티트아헤르]

◆ "Is the train from Bethlehem on time(베들레헴으로부터 기차는 정시에 출발합니까)?"

הַאִם הָרַכֶּבֶת מִבֵּית-לֶחֶם תַּגִּיעַ בִּזְמַן

[ha'im harakkebet mibeyt-lehem taggi'a bizman 하임 하라케베트 미베이틀 레헴 타기아 비즈만]

◆ "My train leaves in ten minutes(내가 탄 기차는 10분 안에 떠난다)."

הָרַכֶּבֶת שֶׁלִי תֵּצֵא בְּעוֹד עֲשָׂרָה רְגָעִים

[harakebet sheli tezze' be'od 'assarah rega'im 하라케베트
쉘리 테쩨 베오드 아싸라 레가임]

* "Does the train stop at Israel(그 기차는 이스라엘에 정차합니
까)?"

הַאִם הָרַכֶּבֶת תַּעֲמֹד בְּיִשְׂרָאֵל

[ha'im harakebet ta 'amod beyissuhrael 하임 하라케베트
타아모드 베이쓰라엘]

* "How long does the train stop at Israel(그 기차는 이스라엘에
얼마동안 정차합니까)?"

כַּמָּה זְמַן תַּעֲמֹד הָרַכֶּבֶת בְּיִשְׂרָאֵל

[kamah zeman ta 'amod harakebet beyissuhrael 카마 제만
타아모드 하라케베트 베이쓰라엘]

* "Is there an earlier train(더 일찍 가는 기차가 있습니까)?"

הַאִם יֵשׁ רַכֶּבֶת יוֹתֵר מוּקְדָם

[ha'im yesh rakebet yoter mukuhdam 하임 예쉬 라케베트
요테르 무크담]

* "Is there an later train(더 늦게 가는 기차가 있습니까)?"

הַאִם יֵשׁ רַכֶּבֶת יוֹתֵר מְאוּחָר

[ha'im yesh rakebet yoter me'uhar 하임 예쉬 라케베트 요

테르 메우하르]

- "Please open the window(창문 좀 열어주시겠습니까)?"

נָא לִפְתּוֹחַ אֶת הַחַלּוֹן

[na' lipuhtoah 'et hahalon 나 리프토아흐 에트 하할론]

- "Please close the window(창문 좀 닫아주시겠습니까)?"

נָא לִסְגּוֹר אֶת הַחַלּוֹן

[na' lissgor 'et hahalon 나 리쓰고르 에트 하할론]

- "Where is the dining car(식당 차는 어디에 있습니까)?"

אֵיפֹה קְרוֹן הַמִּסְעָדָה

['eypoh keron hamiss'adah 에이포 케론 하미쓰아다]

- "Where is the baggage car(짐차가 어디에 있습니까)?"

אֵיפֹה קְרוֹן הַמִּטְעָן

['eypoh keron hamit'an 에이포 케론 하미트안]

- "Where is the smoking car(흡연차가 어디에 있습니까)?"

אֵיפֹה קְרוֹן הָעִשּׁוּן

['eypoh keron ha'ishun 에이포 케론 하이순]

- "Where is the sleeper(침대차가 어디에 있습니까)?"

אֵיפֹה קְרוֹן הַשֵּׁנָה

[’eypoh keron hashenah 에이포 케론 하쉐나]

◆ "May I smoke(내가 담배를 피워도 되겠습니까)?"

הֻמֻתָּר לִי לְעַשֵׁן

[hamutar li le‘ashen 하무타르 리 레아쉔]

◆ "Is this seat taken(이 좌석은 정해져 있습니까)?"

הַאִם מָקוֹם זֶה תָּפוּס

[ha’im makom zeh tapuss 하임 마콤 제 타푸쓰]

버스
אוֹטוֹבּוּס
오토부쓰

---

* "What bus do I take to Jerusalem(예루살렘까지 가려면, 내가 어떤 버스를 타고 가야 합니까)?"

אֵיזֶה אוֹטוֹבּוּס עָלַי לָקַחַת לִירוּשָׁלַיִם

['eyzeh 'otobus 'alay lakahat liyerushalayim 에이제 오토부쓰 알라이 라카하트 리예루샬라임]

* "How much is the fare(요금이 얼마입니까)?"

כַּמָּה עוֹלָה הַנְּסִיעָה

[kamah 'olah hanssi 'ah 카마 올라 한씨아]

◆ "Where does the bus for ______stop(그 버스는 어디에서 정지합니까)?"

לְ ______ אֵיפֹה עוֹמֵד הָאוֹטוֹבּוּס

['eypoh 'omed ha'otobuss le______ 에이포 오메드 하오토부쓰 레____]

◆ "Driver, do you go near Jerusalem(운전기사 아저씨, 당신은 예루살렘 근처에 갑니까)?"

נֶהָג הַאִם אַתָּה עוֹבֵר עַל יַד יְרוּשָׁלַיִם

[nehag ha'im 'atah 'ober 'al yad yerushalayim 네하그 하임 아타 오베르 알 야드 예루샬라임]

◆ "Will I have to change(내가 갈아타야 합니까)?"

הַאִם עָלַי לְהַחֲלִיף

[ha'im 'alay lehahalip 하임 알라이 레하할리프]

◆ "Please tell me where to get off(내려야 할 곳을 나에게 말해 주시겠습니까)?"

נָא לוֹמַר לִי אֵיפֹה עָלַי לָרֶדֶת

[na' lomar li 'eypoh 'alay laredet 나 로마르 리 에이포 알라이 라레데트]

◆ "I want to get off at the next stop(나는 다음 정거장에서 내리

고 싶습니다).”

אֲבַקֵשׁ לָרֶדֶת בַּתַּחֲנָה הַבָּאָה

['abakesh laredet batahanah haba'ah 아바케쉬 라레데트 바타하나 하바아]

택시

שֶׁקְסִי
탁씨

- "Please call a taxi for me(나를 위해 택시를 불러 주시겠습니까)?"

אֲבַקֵּשׁ לִקְרֹא לְטֶקְסִי עֲבוּרִי

['abakesh likuhro' letakssi 'aburi 아바케쉬 리크로 레탁씨 아부리]

- "Are you free(당신은 한가하십니까)?"

הַאִם אַתָּה חָפְשִׁי

[ha'im 'atah hapuhshi 하임 아타 하프쉬]

◆ "What is the price per hour (매 시간 요금이 얼마입니까)?"

מַה הַמְּחִיר לְשָׁעָה

[mah hamehir lesha'ah 마 하메히르 레샤아]

◆ "What is the price per kilometer(매 킬로마다 요금이 얼마입니까)?"

מַה הַמְּחִיר לְקִילוֹמֶטֶר

[mah hamehir lekilometer 마 하메히르 레킬로메테르]

◆ "How much will the ride cost(승차 비용이 얼마나 됩니까)?"

כַּמָּה תַּעֲלֶה הַנְּסִיעָה

[kamah ta'aleh hanssi'ah 카마 타알레 한씨아]

◆ "I would like to drive through the city for an hour(나는 한 시간 동안 도시를 빠져 나와서 운전하고 싶다)."

בִּרְצוֹנִי לִנְסוֹעַ דֶּרֶךְ הָעִיר לְשָׁעָה

[birzzoni linsso'a derek ha'ir lesha'ah 비르쪼니 린쏘아 데레크 하이르 레샤아]

◆ "Drive more slowly, please(제발 좀 천천히 운전하세요)."

סַע יוֹתֵר לְאַט בְּבַקָּשָׁה

[ssa' yoter le'at bebakashah 싸 요테르 레아트 베바카샤]

◆ "Can you stop here(당신은 여기서 정지할 수 있습니까)?"

הֲתוּכַל לַעֲמֹד פֹּה

[hatukal la'amod poh 하투칼 라아모드 포]

◆ "Wait for me, please(나를 좀 기다려 주시겠습니까)?"

חַכֵּה לִי בְּבַקָּשָׁה

[hakeh li bebakashah 하케 리 베바카샤]

제5부
자동차 여행

자동차 여행

סִיּוּר בַּמְכוֹנִית

씨우르 바므코니트

- "Where can I rent a car(내가 어디에서 차를 빌릴 수 있습니까?)

אֵיפֹה אוּכַל לִשְׂכֹּר מְכוֹנִית

['eypoh 'ukal lisskor mekonit 에이포 우칼 리쓰코르 메코니트]

- "Where can I rent a car(내가 어디에서 차를 빌릴 수 있습니

까)?”

אֵיפֹה אוּכַל לִשְׂכֹּר אוֹפְנוֹעַ

['eypoh 'ukal lisskor 'opuhno'a 에이포 우칼 리쓰코르 오프 노아]

* “I have an international driver's license(나는 국제운전면허증을 가지고 있습니다).”

יֵשׁ לִי רִשְׁיוֹן נֶהָגוּת בֵּינְלְאֻמִי

[yesh li rishyon nehagut beynluh'umi 예쉬 리 리쉬욘 네하구트 베인르우미]

* “What town is this(여기는 어느 도시 입니까)?”

אֵיזוֹ עִיר זֹאת

['eyzo 'ir z'ot 에이조 이르 조트]

* “What settlement is this(여기는 어느 마을 입니까)?”

אֵיזוֹ מוֹשָׁבָה זֹאת

['eyzo moshabah z'ot 에이조 모샤바 조트]

* “What suburb is this(이곳은 어느 도시의 변두리[외곽지역] 입니까)?”

אֵיזֶה פַּרְוָר זֶה

['eyzeh parvar zeh 에이제 파르바르 제]

◆ "What suburb is the next one(다음은 어느 도시의 변두리[외

곽지역] 입니까)?"

אֵיזֶה פַּרְוָר הַבָּא

['eyzeh parvar haba' 에이제 파르바르 하바]

◆ "Where does that road go(저 길을 가면 어디로 갑니까)?"

לְאָן מוֹבִיל כְּבִישׁ זֶה

[le'an mobil kebish zeh 레안 모빌 케비쉬 제]

◆ "Is the road rough(그 길은 울퉁불퉁합니까)?"

הַאִם הַכְּבִישׁ קָשֶׁה

[ha'im hakuhbish kasheh 하임 하크비쉬 카쉐]

◆ "Is the road smooth(그 길은 매끄러운 길입니까)?"

הַאִם הַכְּבִישׁ חָלָק

[ha'im hakuhbish halak 하임 하크비쉬 할락]

◆ "Is the road paved(그 길은 포장된 길입니까)?"

הַאִם הַכְּבִישׁ סָלוּל

[ha'im hakuhbish ssalul 하임 하크비쉬 쌀룰]

◆ "Is the road bad(그 길은 좋지 않은 길입니까)?"

הַאִם הַכְּבִישׁ רַע

[ha'im hakuhbish ra' 하임 하크비쉬 라]

◆ "Is the road good(그 길은 좋은 길입니까)?"

הַאִם הַכְּבִישׁ טוֹב

[ha'im hakuhbish tob 하임 하크비쉬 토브]

◆ "Can you show it to me on the road map(당신은 나에게 도로지도를 보여 주실 수 있습니까)?"

הַתוּכְלִי לְהַרְאוֹת לִי אוֹתוֹ עַל הַמַּפָּה　(여자에게　말할 때)

[hatukuhli lehar'ot li 'oto 'al hamapah 하투클리 레하르오트 리 오토 알 하마파]

הַתוּכַל לְהַרְאוֹת לִי אוֹתוֹ עַל הַמַּפָּה(남자에게 말할 때)

[hatukal lehar'ot li 'oto 'al hamapah 하투칼 레하르오트 리 오토 알 하마파]

◆ "Where can I find a gas station(내가 어디에서 주유소를 찾을 수 있습니까)?"

אֵיפֹה אֶמְצָא תַּחֲנַת דֶּלֶק

['eypoh 'emzza' tahanat delek 에이포 엠짜 타하나트 데레크]

◆ "Where can I find a garage(내가 어디에서 자동차 차고를 찾을 수 있습니까)?"

אֵיפֹה אֶמְצָא מוּסָךְ

['eypoh 'emzza' mussak 에이포 엠짜 무사크]

◆ "The tank is empty(연료 탱크는 텅비어있다)."

הַטַּנְק רֵיק

[hatank reyk 하탄크 레이크]

◆ "The tank is full(연료 탱크는 가득차 있다)."

הַטַּנְק מָלֵא

[hatank male' 하탄크 말레]

◆ "How much does a liter of gas cost(가스 1리터의 비용은 얼마입니까)?"

כַּמָּה עוֹלֶה לִיטֶר בֶּנְזִין

[kama 'oleh liter benzin 카마 올레 리테르 벤진]

◆ "Give me forty liters(저에게 40리터를 주세요)."

תֵּן לִי אַרְבָּעִים לִיטֶר (남자에게 말할 때)

[ten li 'arba'im liter 텐 리 아르바임 리테르]

◆ "Change the oil, please(제발, 오일을 교환해 주세요)."

הַחֲלֵף אֶת הַשֶּׁמֶן בְּבַקָּשָׁה(남자에게 말할 때)

[hahalep 'et hashemen bebakashah 하할레프 에트 하쉐멘 베바카샤]

- "Light oil(경유)"

שֶׁמֶן קַל [shemen kal 쉐멘 칼]

- "Put water in the battery(배터리에 물을 넣어라)."

שִׂים מַיִם בַּסוֹלְלָה(남자에게 말할 때)

[ssim mayim bassolah 씸 마임 바쏠라]

- "Charge the battery(배터리를 충전하라)."

הַטְעֵן אֶת הַסוֹלְלָה

[hatuh'en 'et hassolah 하트엔 에트 하쏠라]

- "Lubricate the car(차를 주유(注油)하라, 차에 기름을 바르라)."

שַׁמֵּן אֶת הַמְכוֹנִית(남자에게 말할 때)

[shamen 'et hamuhkonit 샤멘 에트 하므코니트]

- "Clean the windshield(차의 앞유리를 닦으라)."

נַקֵּה אֶת הַשִּׁמְשָׁה(남자에게 말할 때)

[nakkeh 'et hashimshah 나케 에트 하쉼샤]

◆ "Could you wash it soon(당신이 곧 그것[차]을 세차해 주실 수 있습니까)?"

הֲתוּכַל לִרְחוֹץ אוֹתָהּ עוֹד מְעַט(남자에게 말할 때)

[hatukal lirhozz 'otah 'od me'at 하투칼 리르호쯔 오타흐 오드 메아트]

◆ "I wish to leave my car here for the night(나는 밤에 이곳에 내 차를 남겨두고 싶습니다)."

בִּרְצוֹנִי לְהַשְׁאִיר אֶת הַמְּכוֹנִית שֶׁלִי פֹּה לַלַּיְלָה

[birzzoni lehash'ir 'et hamkonit sheli poh lalaylah 비르쪼니 레하쉬이르 에트 함코니트 쉘리 포 라라일라]

◆ "Can you recommend a good mechanic(당신은 유능한 기계 수리공을 추천해 줄 수 있습니까)?"

הַאִם תוּכְלִי לְהַמְלִיץ עַל מְכוֹנַאִי טוֹב (여자에게 말할 때)

[ha'im tukuhli lehamlizz 'al mekona'i tob 하임 투클리 레함리쯔 알 메코나이 토브]

הַאִם תוּכַל לְהַמְלִיץ עַל מְכוֹנַאִי טוֹב (남자에게 말할 때)

[ha'im tukal lehamlizz 'al mekona'i tob 하임 투칼 레함리쯔

알 메코나이 토브]

◆ "Adjust the brakes(브레이크를 조정하라)."

הַתְאֵם אֶת הַמַעֲצוֹרִים (남자에게 말할 때)

[hatuh'em 'et hama'azzorim 하트엠 에트 하마아쪼림]

◆ "Check the tires(타이어를 점검하라)."

בְּדֹק אֶת הַצְמִיגִים (남자에게 말할 때)

[bedok 'et hazzuhmigim 베도크 에트 하쯔미김]

◆ "Can you repair a flat tire(펑크난 타이어를 당신은 수리할 수 있습니까)?"

הֲתוּכַל לְתַקֵן פֶּנְטְשֶׁר (남자에게 말할 때)

[hatukal letaken pantsher 하투칼 레타켄 판트쉐르]

◆ "The car does not move(그 차는 움직이지 않는다)."

הַמְכוֹנִית לֹא זָזָה

[hamuhkonit lo' zazah 하므코니트 로 자자]

◆ "The motor overheats(차의 모터가 과열되었다)."

הַמוֹטוֹר מִתְחַמֵם יוֹתֵר מִדַי

[hamotor mithamem yoter miday 하모토르 미트하멤 요테르 미다이]

◆ "There is a grinding noise(삐걱거리는 소음이 있다)."

יֵשׁ רַעַשׁ טְחִינָה

[yesh ra 'ash tehinah 예쉬 라아쉬 테히나]

◆ "There is a rattling noise(덜거덕하는[덜컹거리는] 소음이 있다)."

יֵשׁ רַעַשׁ דְּפִיקָה

[yesh ra 'ash depikah 예쉬 라아쉬 데피카]

◆ "There is a slow leak(조금씩 새고 있습니다)."

יֵשׁ דֶּלֶף אִתִּי

[yesh delep 'itti 예쉬 데레프 이티]

◆ "May I park here for a few hours(내가 몇 시간 동안 여기에 주차해도 되겠습니까)?"

הַאוּכַל לַחֲנוֹת פֹּה לְכַמָּה שָׁעוֹת

[ha'ukal lahanot poh lekamah sha'ot 하우칼 라하노트 포 레카마 샤오트]

도로에서 구조요청(자동차 조난)

עֶזְרָה בַּדֶּרֶךְ

에즈라 바데레크

◆ "I am sorry to trouble you(당신에게 폐를 끼쳐[불편을 주어서] 죄송합니다)."

אֲנִי מִצְטַעֵר לְהַטְרִיחַ אוֹתָךְ (남자가 여자에게 말할 때)

['ani mizzuhta'er lehatuhriah 'otak 아니 미쯔타에르 레하트리아흐 오타크]

אֲנִי מִצְטַעֶרֶת לְהַטְרִיחַ אוֹתְךָ (여자가 남자에게 말할 때)

['ani mizzuhta'eret lehatuhriah 'otka 아니 미쯔타에레트 레

하트리아흐 오트카]

* "My car has broken down(나의 차가 부서졌다)."

הַמְכוֹנִית שֶׁלִי הִתְקַלְקְלָה

[hamekonit sheli hitkalkelah 하메코니트 쉘리 히트칼켈라]

* "Will you help me get it to the side of the road(내가 도로 옆으로 갈 수 있도록, 당신이 도와주시겠습니까)?"

הַתוּכַל לַעֲזוֹר לִי לְהַעֲבִיר אוֹתָה לְצַד הַכְּבִיש (남자에게 말할 때)

[hatukal lazor li leha 'abir 'otah lezzar hakuhbish 하투칼 라아조르 리 레하아비르 오타흐 레짜드 하크비쉬]

* "Can you push the car(당신은 차를 밀어줄 수 있습니까)?"

הַתוּכַל לִדְחוֹף אֶת הַמְכוֹנִית (남자에게 말할 때)

[hatukal lidhop 'et hamuhkonit 하투칼 리드호프 에트 하므코니트]

* "Can you help me change a tire(타이어를 교환하려고 하는데, 당신이 나를 도와줄 수 있습니까)?"

הַתוּכַל לַעֲזוֹר לִי לְהַהֲלִיף צָמִיג (남자에게 말할 때)

[hatukal la'azor li lehahalip zzamig 하투칼 라아조르 리 레하할리프 짜미그]

◆ "Can you lend me a jack(당신은 나에게 자동차용 잭을 빌려 줄 수 있습니까)?"

הֲתוּכַל לְהַשְׁאִיל לִי מֵנִיף (남자에게 말할 때)

[hatukal lehash'il menip 하투칼 레하쉬일 리 메니프]

◆ "My car is stuck in the mud (내 차가 진흙 탕에 빠져 움직이지 못한다)."

הַמְכוֹנִית שֶׁלִי נִתְקָעָה בַּבּוֹץ

[hamuhkonit shelli nitkuh' ah babozz 하므코니트 쉘리 니트크아 바보쯔]

◆ "My car is stuck in the ditch(내 차가 도랑에 빠져 움직이지 못한다)."

הַמְכוֹנִית שֶׁלִי נִתְקָעָה בַּתְעָלָה

[hamuhkonit shelli nitkuh' ah bat'alah 하므코니트 쉘리 니트크아 바트알라]

◆ "Could you take me to a garage(당신은 나를 자동차 차고지로 데려갈 수 있습니까)?"

הֲתוּכַל לָקַחַת אוֹתִי לְמוּסָךְ (남자에게 말할 때)

[hatukal lakahat 'oti lemussak 하투칼 라카하트 오티 레무싸크]

자동차의 부속품

חֶלְקֵי הַמְכוֹנִית

헬케이 하므코니트

- ◆ "the accelerator(자동차 가속기, 엑셀러레이터)"

  הַמַּמְהִיר [hamamhir 하맘히르]

- ◆ "the battery(배터리)"

  הַסּוֹלְלָה [hassolah 하쏠라]

- ◆ "the bolt(볼트)"

  הַבּוֹרֶג [haboreg 하보레그]

- ◆ "the nut(너트)"

הָאֹם [ha'om 하옴]

- "the brake(브레이크)"

הַמַעְצוֹר [hama'azzor 하마아쪼르]

- "clutch(클러치)"

קְלַטְשׁ [kelatuhsh 켈라트쉬]

- "the engine(엔진)"

הַמָנוֹעַ [hamanoa' 하마노아]

- "the gear shift(변속레버, 기어전환장치)"

הַחִלְפַת הַמַהֲלָךְ

[hahuhlapat hamahalak 하흐라파트 하마할라크]

- "the headlight(전조등)"

הָאוֹר הַקִדְמִי [ha'or hakidmi 하오르 하키드미]

- "the horn(자동차 경적)"

הַצּוֹפָר [hazzopar 하쪼파르]

- "the spark plug(점화플러그)"

מְגוּפַת הַזִיקִים [megupat hazikim 메구파트 하지킴]

- "the spring(스프링)"

הַקְפִּיץ [hakuhpizz 하크피쯔]

* "the starter(시동장치)"

הַמַתְנֵעַ [hamatuhnea' 하마트네아]

* "the steering wheel(자동차의 핸들)"

הַהֶגֶה [hahegeh 하헤게]

* "the tail light(미등)"

הָאוֹר הָאֲחוֹרִי [ha'or ha'ahori 하오르 하아호리]

* "the tire(자동차 타이어)"

הַצְּמִיג [hazzamig 하짜미그]

* "the spare tire(예비 타이어, 스페어 타이어)"

צְמִיג הַמִּלוּאִים [zzemig hamilu'im 쩨미그 하밀루임]

* "the wheel(차 바퀴, 핸들)

הָאוֹפָן [ha'opan 하오판]

* "the windshield wiper(자동차 앞 유리닦는 장치, 와이퍼)"

מְנַגֵּב הַשִּׁמְשָׁה [menaggeb hashimshah 메나게브 하쉼샤]

도구와 연장

מַכְשִׁירִים וְכֵלִים

마크쉬림 베켈림

- ◆ "the chain(체인)"

  הַשַּׁלְשֶׁלֶת [hashalshelet 하샬쉘레트]

- ◆ "the hammer(망치)"

  הַפַּטִישׁ [hapatish 하파티쉬]

- ◆ "the jack(잭)"

  הַמֵּנִיף [hamenip 하메니프]

◆ "the pliers(펜치, 집게)"

　　הַצְּבָת [hazzbat 하쯔바트]

◆ "the rope(밧줄, 끈)"

　　הַחֶבֶל [hahebel 하헤벨]

◆ "the screw driver(나사 돌리개, 드라이버)"

　　הַמַּבְרֵג [hamabreg 하마브레그]

◆ "the tire pump(타이어, 펌프)"

　　מַשְׁאֵבַת הָאֲוִיר [mash'ebat ha'avir 마쉬에바트 하아비르]

◆ "the wrench(렌치, 스패너)"

　　הַמַּפְתֵּחַ [hamapuhteah 하마프테아흐]

도로표지판

שְׁלָטִים בַּדֶּרֶךְ

쉘라팀 바데레크

- "No thoroughfare(통행금지)."

  אֵין מַעֲבָר ['eyn ma'abar 에인 마아바르]

- "No parking(주차금지)"

  אֵין חֲנָיָה ['eyn haniyah 에인 하니야]

- "Hospital(병원)"

  בֵּית חוֹלִים [beyt holim 베이트 홀림]

◆ "School(학교)"

בֵּית סֵפֶר [beyt sseper 베이트 쎄페르]

◆ "Detour(우회로, 돌아가는 길)."

דֶּרֶךְ עֲקִיפִין [derek 'akipin 데렉 아키핀]

◆ "Slow down(천천히 가시오)."

סַע לְאַט [ssa ' le'at 싸 레아트]

◆ "Go(통과하시요)."

הָלוֹךְ [haloke 할록] or סַע [ssa' 싸]

◆ "Road intersections or crossroads(도로의 교차로)."

הִצְטַלְבוּת דְּרָכִים

[hizztalbut derakim 히쯔탈부트 데라킴]

◆ "Parking(주차)."

חֲנָיָה [haniyah 하니야]

◆ "Winding road(꼬불꼬불한 길)."

כְּבִישׁ מִתְפַּתֵּל [kebish mitpatel 케비쉬 미트파텔]

◆ "Narrow road(좁은 길)."

כְּבִישׁ צַר [kebish zzar 케비쉬 짜르]

- "One –way(하나의 길)."

כִּוּוּן אֶחָד [kivun 'ehad 키분 에하드]

- "No passing(통행불가)."

לֹא לַעֲבוֹר [lo' la'abor 로 라아보르]

- "Steep grade(가파른 경사)."

מִדְרוֹן [midron 미드론]

- "Dip(내리막 길, 경사지)."

מוֹרָד [morad 모라드]

- "Maximum speed hundred kilometers(최대 속력은 100 킬로미터)."

מְהִירוּת מַקְסִימַלִית מֵאָה קִילוֹמֶטֶר

[mehirut makssimalit me'ah kilometer 메히루트 마크씨말리트 메아 킬로메테르]

- "Drive carefully(조심해서 운전하라)."

סַע בִּזְהִירוּת

[ssa ' bizhirut 싸 비즈히루트]

- "Use second gear(2단 기어를 사용하라)."

סַע בְּמַהֲלָךְ שֵׁנִי

[ssa ' bemahalak sheni 싸 배마할락 쉐니]

◆ "Keep right(오른 쪽으로 가라)."

סַע בְּצַד יָמִין

[ssa ' bezzad yemin 싸 베짜드 예민]

◆ "Keep left(왼쪽으로 가라)."

סַע בְּצַד שְׂמֹאל

[ssa ' bezzad semo'l 싸 베짜드 쎄몰]

◆ "Curve(커브[굴곡] 길)"

סִבּוּב [ssibub 씨부브]

◆ "Double curve(S자형 굴곡 도로)"

סִבּוּב כָּפוּל [ssibub kapul 씨부브 카풀]

◆ "Sharp turn(급 커브길)"

סִבּוּב חַד [sibub had 씨부브 하드]

◆ "Stop(정지)"

עֲצוֹר ['azzor 아쪼르]

◆ "Stop, border(국경지역 입니다. 정지)."

עֲצוֹר גְּבוּל ['azzor gebul 아쪼르 개불]

- "No right turn(우회전 금지)."

  פְּנִיָּה יְמָנִית אֲסוּרָה

  [peniyyah yemanit 'assurah 페니야 예마니트 아쑤라]

- "No left turn(좌회전 금지)."

  פְּנִיָּה שְׂמָאלִית אֲסוּרָה

  [peniyyah ssemo'lit 'assurah 페니야 쎄몰리트 아쑤라]

- "Railroad crossing(철도건널목)."

  פַּסֵּי רַכֶּבֶת

  [passey rakebet 파쎄이 라케베트]

- "Road repairs(도로복구 작업)."

  תִּקּוּנִים בַּכְּבִישׁ

  [tikunim bakuhbish 티쿠님 바크비쉬]

제6부
통신수단

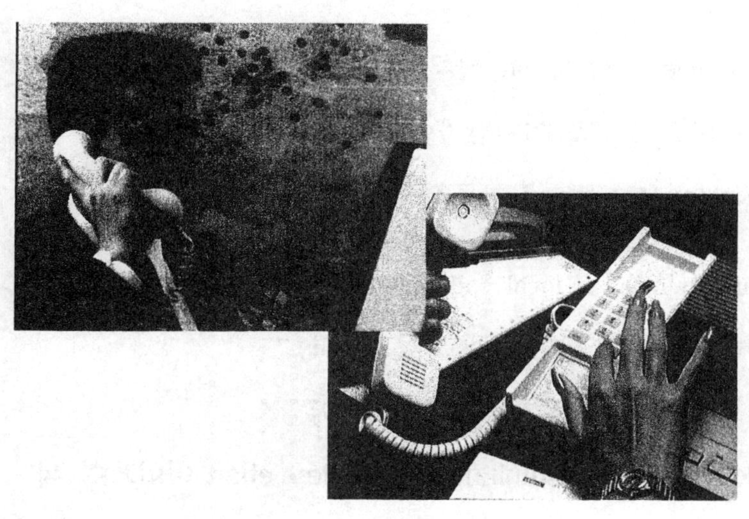

전화

תַּחְבּוּרָה טֶלֶפוֹן

타흐부라 텔레폰

* "May I telephone from here(내가 여기에서 전화를 걸어도 되겠습니까)?"

הַאוּכַל לְטַלְפֵּן מִפֹּה

[ha'ukal letalpen mipoh 하우칼 레탈펜 미포]

* "Will you telephone for me(당신이 나를 위해 전화를 해 주시겠습니까)?"

הֲתוּכְלִי לְטַלְפֵּן עֲבוּרִי (여자에게 말할 때)

[hatukuhli letalpen 'aburi 하투클리 레탈펜 아부리]

הֲתוּכַל לְטַלְפֵּן עֲבוּרִי (남자에게 말할 때)

[hatukal letalpen 'aburi 하투칼 레탈펜 아부리]

◆ "I want to make a local call, number one thousand one(나는 1001 번으로 시내통화를 하고 싶습니다)."

אֲבַקֵשׁ שִׂיחָה מְקוֹמִית מִסְפָּר אֶלֶף אֶחָד

['abakesh sihah mekomit missppar 'elep 'ehad 아바케쉬 씨하 메코미트 미쓰파르 엘레프 에하드]

◆ "My number is _____(나의 전화번호는 _____입니다)."

_____ מִסְפָּרִי הוּא

[misspari hu' 미쓰파리 후]

◆ "How much is a long-distance call to Israel(이스라엘에 장거리 전화를 거는데 얼마의 비용이 듭니까)?"

כַּמָה עוֹלָה שִׂיחַת חוּץ לְיִשְׂרָאֵל

[kamah 'olah ssihat huzz leyissuhrael 카마 올라 씨하트 후쯔 레이쓰라엘]

◆ "The operator will call you(전화 교환원이 당신에게 전화를 할 것입니다)."

פְּקִידַת הַשֶּׁלְפוֹן תִּקְרָא לָךְ (여자에게 말할 때)

[pekidat hatelepon lak 페키다트 하텔레폰 티크라 라크]

פְּקִידַת הַטֶּלֶפוֹן תִּקְרָא לְךָ (남자에게 말할 때)

[pekidat hatelepon tikuhra leka 페키다트 하텔레폰 티크라 레카]

◆ "Hello, hello(여보세요)."

הַלוֹ הַלוֹ [halo halo 할로 할로]

◆ "They do not answer(그들은 응답하지 않습니다)."

הֵם אֵינָם עוֹנִים

[hem 'eynam 'onim 헴 에이남 오님]

◆ "The line is busy(전화가 통화중입니다)."

הַמִסְפָּר תָּפוּס

[hamissppar tapuss 하미쓰파르 타푸쓰]

◆ "This is Mr. Sang Moon speaking(여보세요, 저는 상문입니다)."

פֹּה מְדַבֵּר מַר סָנג מוּן

[poh medaber mar ssang mun 포 메다베르 마르 쌍문]

◆ "Please hold the line(수화기를 끊지 말고 잠시만 기다려 주시겠습니까)?"

אֲבַקֵּשׁ לְחַכּוֹת רֶגַע

['abakesh lehakot rega' 아바케쉬 레하코트 레가]

◆ "He is not at home(그는 집에 없습니다)."

הוּא אֵינוֹ בַּבַּיִת

[hu' 'eyno babait 후 에이노 바바이트]

◆ "Can I leave a message(내가 메시지를 남겨도 되겠습니까)?"

הַאוּכַל לִמְסוֹר מַשֶּׁהוּ

[ha'ukal limssor mashehu 하우칼 림쏘르 마쉐후]

◆ "I will call back later(나중에 내가 다시 전화하겠습니다)."

אֲצַלְצֵל עוֹד פַּעַם יוֹתֵר מְאוּחָר

['azzalzzel 'od pa'am yoter me'uhar 아짤쩰 오드 파암 요테르 메우하르]

◆ "There is a telephone call for you(당신에게 전화가 왔습니다)."

יֵשׁ שִׂיחַת טֶלֶפוֹן בִּשְׁבִילֵךְ (여자에게 말할 때)

[yesh ssihat telepon bishbilek 예쉬 씨하트 텔레폰 비쉬빌레크]

יֵשׁ שִׂיחַת טֶלֶפוֹן בִּשְׁבִילְךָ (남자에게 말할 때)

[yesh ssihat telepon bishbilka 예쉬 씨하트 텔레폰 비쉐빌카]

우체국

מִשְׂרַד הַדֹּאַר

미쉬라드 하도아르

◆ "I am looking for the post office(나는 우체국을 찾고 있습니다)."

אֲנִי מְחַפֶּשֶׂת אֶת מִשְׂרַד הַדֹּאַר (여자가 말할 때)

['ani mehapesset 'et missrad hado'ar 아니 메하페쎄트 에트 미쓰라드 하도아르]

אֲנִי מְחַפֵּשׂ אֶת מִשְׂרַד הַדֹּאַר (남자가 말할 때)

['ani mehapess 'et missrad hado'ar 아니 메하페쓰 에트 미쓰라드 하도아르]

- "a letter box(우체통)"

תֵּיבַת דֹּאַר [teybat do'ar 테이바트 도아르]

- "To which window should I go(내가 어느 창문으로 가야 합니까)?"

לְאֵיזֶה אֶשְׁנָב עָלַי לָגֶשֶׁת

[le'eyzeh 'eshnab 'alay lageshet 레에이제 에쉬나브 알라이 라게쉐트]

- "I want to send this via airmail(나는 이것을 항공우편으로 보내고 싶습니다)."

בִּרְצוֹנִי לִשְׁלוֹחַ זֹאת בְּדֹאַר אֲוִיר

[birzzoni lishloah zo't bedo'ar 'avir 비르쪼니 리쉴로아흐 조트 베도아르 아비르]

- "I want to send this regular mail(나는 이것을 보통정기우편으로 보내고 싶습니다)."

בִּרְצוֹנִי לִשְׁלוֹחַ זֹאת בְּדֹאַר רָגִיל

[birzzoni lishloah zo't be do'ar ragil 비르쪼니 리쉴로아흐 조트 베도아르 라길]

- "I want to send this registered mail(나는 이것을 등기우편으로 보내고 싶습니다)."

בִּרְצוֹנִי לִשְׁלוֹחַ זֹאת בְּדֹאַר רָשׁוּם

[birzzoni lishloah zo't bedo'ar rashum 비르쪼니 리쉴로아흐 조트 베도아르 라슘]

◆ "I want to send this parcel post(나는 이것을 소포우편으로 보내고 싶습니다)."

בִּרְצוֹנִי לִשְׁלוֹחַ זֹאת בְּדֹאַר חֲבִילוֹת

[birzzoni lishloah zo'ar bedo'ar habilot 비르쪼니 리쉴로아흐 조트 베도아르 하빌로트]

◆ "I want to send this special delivery(나는 이것을 속달우편으로 보내고 싶습니다)."

בִּרְצוֹנִי לִשְׁלוֹחַ זֹאת בְּדֹאַר אֶקְסְפְּרֶס

[birzzoni lishloah zo't bedo'ar 'ekuhssuhpress 비르쪼니 리쉴로아흐 조트 베도아르 에크쓰프레쓰]

◆ "I want to send this air freight(나는 이것을 항공화물로 보내고 싶습니다)."

בִּרְצוֹנִי לִשְׁלוֹחַ זֹאת מִטְעַן אֲוִיר

[birzzoni lishloah zo't mit 'an 'avir 비르쪼니 리쉴로아흐 조트 미트안 아비르]

◆ "I would like to insure this package for ______(나는 이 소포를

_____보험에 들고 싶습니다).”

בִּרְצוֹנִי לְבַטֵּחַ חֲבִילָה זוֹ עֲבוּר _____

[birzzoni lebateah habilah zo 'abur _____ 비르쪼니 레바테아흐 하빌라 조 아부르 _____]

* “Please give me six stamps(나에게 6개의 우표를 주시겠습니까)?”

אֲבַקֵּשׁ שִׁשָּׁה בּוּלִים

['abakesh shishah bulim 아바케쉬 쉬샤 불림]

* “Will it go out today(오늘 우체국 업무가 끝났습니까)?”

הַאִם זֶה יֵצֵא הַיּוֹם

[ha'im zeh yezze' hayom 하임 제 예쩨 하욤]

* “I want to send a money order(나는 우편환을 보내고 싶습니다).”

בִּרְצוֹנִי לִשְׁלוֹחַ הַמְחָאַת כֶּסֶף

[birzzoni lishloah hamha'at kessep 비르쪼니 리쉴로아흐 함하아트 케쎄프]

전보

מִבְרָק וְאַלְחוּט

미브라크 베알후트

* "I wish to send a telegram[cablegram](나는 [해외]전보를 보내고 싶습니다)."

בִּרְצוֹנִי לִשְׁלוֹחַ מִבְרָק

[birzzoni lishloah mibuhrak 비르쪼니 리쉴로아흐 미브라크]

* "I wish to send a night letter(나는 야간 간송(間送) 전보를 보내고 싶습니다)."

בִּרְצוֹנִי לִשְׁלוֹחַ מִבְרָק לַיְלָה

[birzzoni lishloah mibuhrak laylah 비르쪼니 리쉴로아흐 미브라크 라일라]

◆ "What is the word rate to New York(뉴욕까지 전보 요금은 얼마입니까)?"

כַּמָּה עוֹלָה הַמִּלָּה לְנִיו יוֹרְק

[kamah 'olah hammillah leniu york 카마 올라 하밀라 레니우 요르크]

◆ "I will pay for the reply(회신 비용은 내가 지불할 것이다)."

אֲשַׁלֵּם עֲבוּר הַתְּשׁוּבָה

['ashalem 'abur hatshubah 아샬렘 아부르 하트슈바]

◆ "When will it arrive(언제 그것[전보]이 도착하겠습니까)?"

מָתַי זֶה יַגִּיעַ

[matay zeh yagia' 마타이 제 야기아]

제7부
호텔과 식당

호텔
מָלוֹן
말론

- "I am looking for a good hotel(나는 좋은 호텔을 구하고 있습니다)."

אֲנִי מְחַפֶּשֶׂת מָלוֹן טוֹב (여자가 말할 때)

[ʼani mehapesset malon tob 아니 메하페쎄트 말론 토브]

אֲנִי מְחַפֵּשׂ מָלוֹן טוֹב (남자가 말할 때)

[ʼani mehapess malon tob 아니 메하페쓰 말론 토브]

* "I am looking for the best hotel(나는 최고의 호텔을 구하고 있습니다)."

אֲנִי מְחַפֶּשֶׂת הַמָּלוֹן הַטוֹב בְּיוֹתֵר (여자가 말할 때)

['ani mehapesset hamalon hatob beyoter 아니 메하페쎄트 하말론 하토브 베요테르]

אֲנִי מְחַפֵּשׂ הַמָּלוֹן הַטוֹב בְּיוֹתֵר (남자가 말할 때)

['ani mehapess hamalon hatob beyoter 아니 메하페쓰 하말론 하토브 베요테르]

* "I am looking for the best hotel(나는 최고의 호텔을 구하고 있습니다)."

אֲנִי מְחַפֶּשֶׂת הַמָּלוֹן הַטוֹב בְּיוֹתֵר (여자가 말할 때)

['ani mehapesset hamalon hatob beyoter 아니 메하페쎄트 하말론 하토브 베요테르]

אֲנִי מְחַפֵּשׂ הַמָּלוֹן הַטוֹב בְּיוֹתֵר (남자가 말할 때)

['ani mehapess hamalon hatob beyoter 아니 메하페쓰 하말론 하토브 베요테르]

* "An expensive hotel(비용이 적은 값싼 호텔)"

מָלוֹן לֹא יָקָר

[malon lo' yakar 말론 로 야카르]

◆ "I am looking for a boarding house(나는 하숙집을 구하고 있습니다)."

אֲנִי מְחַפֶּשֶׂת פֶּנְסִיוֹן (여자가 말할 때)

['ani mehapesset penssuhyon 아니 메하페쎄트 펜쓰욘]

אֲנִי מְחַפֵּשׂ פֶּנְסִיוֹן (남자가 말할 때)

['ani mehapess penssuhyon 아니 메하페쓰 펜쓰욘]

◆ "I want to be in the center of town(나는 마을 중심가에 머물고 싶다)."

אֲנִי רוֹצָה לִהְיוֹת בְּמֶרְכַּז הָעִיר (여자가 말할 때)

['ani rozzah lihuhyot bemerkaz ha'ir 아니 로짜 리흐요트 바메르카즈 하이르]

אֲנִי רוֹצֶה לִהְיוֹת בְּמֶרְכַּז הָעִיר (남자가 말할 때)

['ani rozzeh lihuhyot bemerkaz ha'ir 아니 로쩨 리흐요트 바메르카즈 하이르]

◆ "Where it is not noisy(조용한 곳이 어디입니까)?"

אֵיפֹה שֶׁאֵין רַעַשׁ

['eypoh she'eyn ra'ash 에이포 쉐에인 라아쉬]

◆ "I have a reservation for today(나는 오늘 예약을 해 두었습니다)."

הִזְמַנְתִּי חֶדֶר לְהַיּוֹם

[hizmanti heder lehayom 히즈만티 헤데르 레하욤]

* "Do you have a room(방이 있습니까)?"

יֵשׁ לָכֶם חֶדֶר

[yesh lakem heder 예쉬 라켐 헤데르]

* "Do you have a single room(1인용 방이 있습니까)?"

יֵשׁ לָכֶם חֶדֶר יָחִיד

[yesh lakem heder yahid 예쉬 라켐 헤데르 야히드]

* "Do you have a double room(2인용 방이 있습니까)?"

יֵשׁ לָכֶם חֶדֶר כָּפוּל

[yesh lakem heder kapul 예쉬 라켐 헤데르 카풀]

* "Do you have a room with air conditioning(에어컨 시설이 된 방이 있습니까)?"

יֵשׁ לָכֶם חֶדֶר עִם קֵרוּר אֲוִיר

[yesh lakem heder 'im kerur 'avir 예쉬 라켐 헤데르 임 케루르 아비르]

* "Do you have a suit(가족이 사용할 수 있는 한 세대의 방이 있습니까)?"

יֵשׁ לָכֶם מַעֲרֶכֶת חֲדָרִים

[yesh lakem ma'areket hadarim 예쉬 라켐 마아레케트 하다림]

- "I want a room with a double bed(나는 2인용 침대를 가진 방을 구합니다)."

אֲבַקֵּשׁ חֶדֶר עִם מִטָּה כְּפוּלָה

['abakesh heder 'im mitah kepulah 아바케쉬 헤데르 임 미타 케풀라]

- "I want a room with twin beds(나는 침대 두개를 가진 방을 구합니다)."

אֲבַקֵּשׁ חֶדֶר עִם שְׁתֵּי מִטּוֹת

['abakesh heder 'im shetey mitot 아바케쉬 헤데르 임 쉐테이 미토트]

- "I want a room with a bath(욕실을 가진 방을 구합니다)."

אֲבַקֵּשׁ חֶדֶר עִם אַמְבַּטְיָה

['abakesh heder 'im 'ambatuhyah 아바케쉬 헤데르 임 암바트야]

- "I want a room with a shower(샤워 욕실을 가진 방을 구합니다)."

אֲבַקֵּשׁ חֶדֶר עִם מִקְלַחַת

['abakesh heder 'im miklahat 아바케쉬 헤데르 임 미크라하트]

◆ "I want a room with hot water(온수 시설이 된 방을 구합니다)."

אֲבַקֵּשׁ חֶדֶר עִם מַיִם חַמִּים

['abakesh heder 'im mayim hamim 아바케쉬 헤데르 임 마임 하밈]

◆ "I want a room with a balcony(발코니를 가진 방을 구합니다)."

אֲבַקֵּשׁ חֶדֶר עִם מִרְפֶּסֶת

['abakesh heder 'im mirpesset 아바케쉬 헤데르 임 미르페쎄트]

◆ "I will take a room for night(밤에만 사용할 수 있는 방을 빌리려고 합니다)."

אֶקַּח חֶדֶר לְהַלַּיְלָה

['ekah heder lehalaylah 에카흐 헤데르 레하라일라]

◆ "I will take a room for several days(몇일동안 묵을 수 있는 방을 빌리려고 합니다)."

אֶקַּח חֶדֶר לְכַמָּה יָמִים

['ekah heder lekamah yamim 에카흐 헤데르 레카마 야밈]

- "I will take a room for two persons(두 사람이 묵을 수 있는 방을 빌리려고 합니다)."

אֶקַּח חֶדֶר לִשְׁנֵי אֲנָשִׁים

['ekah heder lishney 'anashim 에카흐 헤데르 리쉬네이 아나쉼]

- "May I have it with meals(식사가 제공되는 방을 빌릴 수 있습니까)?"

הַאוּכַל לְקַבֵּל אוֹתוֹ עִם אֲרוּחוֹת

[ha'ukal lekabel 'oto 'im 'aruhot 하우칼 레카벨 오토 임 아루호트]

- "May I have it without meals(식사는 필요없고 방만 빌릴 수 있습니까)?"

הַאוּכַל לְקַבֵּל אוֹתוֹ בְּלִי אֲרוּחוֹת

[ha'ukal lekabel 'oto beli 'aruhot 하우칼 레카벨 오토 벨리 아루호트]

- "What is the rate per day(매일마다 숙박 비용은 얼마입니까)?"

מַה הַמְּחִיר לְיוֹם

[mah hamuhhir leyom 마 하므히르 레욤]

◆ "Are tax and service included(세금과 봉사료도 포함되어 있습니까)?"

הַאִם זֶה כּוֹלֵל מִסִּים וְשֵׁרוּת

[ha'im zeh kolel missim vesherut 하임 제 콜렐 미씸 베쉐루트]

◆ "I would like to see the room(내가 방을 보고 싶습니다)."

אֲבַקֵּשׁ לִרְאוֹת אֶת הַחֶדֶר

['abakesh lir'ot 'et haheder 아바케쉬 리르오트 에트 하헤데르]

◆ "I do not like this one(이 방은 마음에 들지 않습니다)."

זֶה לֹא מוֹצֵא חֵן בְּעֵינַי

[zeh lo' mozze' hen be'eynay 제 로 모쩨 헨 베에이나이]

◆ "Have you something better(더 좋은 방은 없습니까)?"

הֲיֵשׁ לָכֶם מַשֶּׁהוּ יוֹתֵר טוֹב

[hayesh lakem mashehu yoter tob 하예쉬 라켐 마쉐후 요테르 토브]

◆ "Have you something cheaper(비용이 더 값싼 방은 없습니까)?"

הֲיֵשׁ לָכֶם מַשֶּׁהוּ יוֹתֵר זוֹל

[hayesh lakem mashehu yoter zol 하예쉬 라켐 마쉐후 요테르 졸]

◆ "Have you something larger(더 큰 방은 없습니까)?"

הֲיֵשׁ לָכֶם מַשֶּׁהוּ יוֹתֵר גָּדוֹל

[hayesh lakem mashehu yoter gadol 하예쉬 라켐 마쉐후 요테르 가돌]

◆ "Have you something smaller(더 작은 방은 없습니까)?"

הֲיֵשׁ לָכֶם מַשֶּׁהוּ יוֹתֵר קָטָן

[hayesh lakem mashehu yoter katon 하예쉬 라켐 마쉐후 요테르 카톤]

◆ "a front room(앞쪽 방)"

חֶדֶר קִדְמִי [heder kidmi 헤데르 키드미]

◆ "a back room(안쪽 방)"

חֶדֶר אֲחוֹרִי [heder 'ahori 헤데르 아호리]

◆ "On a lower floor(저층을 구합니다)."

עַל קוֹמָה יוֹתֵר נְמוּכָה

['al komah yoter nemukah 알 코마 요테르 네무카]

◆ "On a higher floor(고층을 구합니다)."

עַל קוֹמָה יוֹתֵר עֶלְיוֹנָה

['al komah yoter 'elyonah 알 코마 요테르 엘요나]

◆ "With light air(기압이 낮은 방을 구합니다)."

עִם יוֹתֵר אוֹר אֲוִיר

['im yoter 'or 'avir 임 요테르 오르 아비르]

◆ "Upstairs(위층)"

לְמַעְלָה [lema'lah 레말라]

◆ "Downstairs(아래층)"

לְמַטָּה [lematah 레마타]

◆ "Is there an elevator(승강기는 있습니까)?"

הַאִם יֵשׁ מַעֲלִית

[ha'im yesh ma'alit 하임 예쉬 마알리트]

◆ "What is my room number(나의 방 번호가 어떻게 됩니까)?"

מַה מִסְפַּר חַדְרִי

[mah misspar hedri 마 미쓰파르 헤드리]

◆ "Please sign the hotel register(호텔 숙박 명부에 서명을 해 주
시겠습니까)?"

נָא לַחְתּוֹם עַל רְשִׁימַת הָאוֹרְחִים

[na' lahuhtom 'al reshimat ha'orhim 나 라흐톰 알 레쉬마트
하오르힘]

◆ "My room key, please(나의 방 키를 주시겠습니까)?"

מַפְתֵּחַ חֲדָרִי בְּבַקָשָׁה

[mapuhteah hedri bebakashah 마프테아흐 헤드리 베바카
샤]

◆ "Please send the chambermaid(호텔 객실담당 여종업원을 보
내어 주시겠습니까)?"

אֲבַקֵשׁ לִשְׁלוֹחַ אֶת הַמְשָׁרֶתֶת

['abakesh lishloah 'et hamuhsharetet 아바케쉬 리쉴로아흐
에트 하므샤레테트]

◆ "Please send a waiter(웨이터를 보내어 주시겠습니까)?"

אֲבַקֵשׁ לִשְׁלוֹחַ אֶת מֶלְצָר

['abakesh lishloah 'et melzzar 아바케쉬 리쉴로아흐 에트
멜짜르]

◆ "Please send a porter(짐 운반인을 보내어 주시겠습니까)?"

אֲבַקֵשׁ לִשְׁלוֹחַ אֶת סַבָּל

['abakesh lishloah 'et ssabal 아바케쉬 리쉴로아흐 에트 싸
발]

◆ "Please send a messenger or valet(심부름꾼 혹은 시중드는 사
람을 보내어 주시겠습니까)?"

אֲבַקֵשׁ לִשְׁלוֹחַ אֶת שָׁלִיחַ

['abakesh lishloah 'et shaliah 아바케쉬 리쉴로아흐 에트 샬
리아흐]

◆ "Who is it(누구세요)?"

מִי זֶה [mi zeh 미 제]

◆ "Please call me at 9 o'clock(9시에 나를 불러 주십시요)."

אֲבַקֵשׁ לִקְרֹא לִי בְּשָׁעָה תֵּשַׁע

['abakesh likro' li besha'ah tesha' 아바케쉬 리크로 리 베샤
아 테샤]

◆ "Please wake me at 9 o'clock(9시에 나를 깨워 주십시요)."

אֲבַקֵשׁ לְהָעִיר אוֹתִי בְּשָׁעָה תֵּשַׁע

['abakesh leha'ir 'oti besha'ah tesha' 아바케쉬 레하이르 오
티 베샤아 테샤]

◆ "I would like to have breakfast in my room(나는 내 방에서 아침을 먹고 싶습니다)."

אֲבַקֵּשׁ אֲרוּחַת בֹּקֶר בְּחַדְרִי

['abakesh 'aruhat boker behadri 아바케쉬 아루하트 보케르 베하드리]

◆ "I want to speak to the manager(나는 지배인과 이야기하고 싶습니다)."

אֲבַקֵּשׁ לְדַבֵּר עִם הַמְנַהֵל

['abakesh ledaber 'im hamuhnahel 아바케쉬 레다베르 임 하므나헬]

◆ "I am looking for a nurse(나는 간호원을 찾고 있습니다)."

אֲנִי מְחַפֵּשׂ אָחוֹת

['ani mehapess 'ahot 아니 메하페쓰 아호트]

◆ "I am looking for baby sitter(나는 아기 보는 사람을 찾고 있습니다)."

אֲנִי מְחַפֵּשׂ מְטַפֶּלֶת

['ani mehapess metapelet 아니 메하페쓰 메타펠레트]

◆ "Are there any letters or messages for me(나에게 온 어떤 편지 혹은 소식이 있습니까)?"

הַאִם יֵשׁ אֵיזֶה מִכְתָּבִים אוֹ יְדִיעוֹת בִּשְׁבִילִי

[ha'im yesh 'eyzeh miktabim 'o yedi'ot bishbili 하임 예쉬 에이제 미크타빔 오 예디오트 비쉬빌리]

- "I am expecting a visitor(나는 숙박자를 기다리고 있습니다)."

אֲנִי מְחַכָּה לְאוֹרֵחַ (여자가 말할 때)

['ani mehakah le'oreah 아니 메하카 레오레아흐]

אֲנִי מְחַכֶּה לְאוֹרֵחַ (남자가 말할 때)

['ani mehakeh le 'oreah 아니 메하케 레오레아흐]

- "I am expecting a telephone call(나는 전화를 기다리고 있습니다)."

אֲנִי מְחַכָּה לְשִׂיחָה טֶלֶפוֹנִית (여자가 말할 때)

['ani mehakah lesihah teleponit 아니 메하카 레씨하 텔레포니트]

אֲנִי מְחַכֶּה לְשִׂיחָה טֶלֶפוֹנִית (남자가 말할 때)

['ani mehakeh lesihah teleponit 아니 메하케 레씨하 텔레포니트]

- "I am expecting a package(나는 짐을 기다리고 있습니다)."

אֲנִי מְחַכָּה לַחֲבִילָה (여자가 말할 때)

['ani mehakah lehabilah 아니 메하카 레하빌라]

אֲנִי מְחַכָּה לְחַבִּילָה (남자가 말할 때)

['ani mehakeh lehabilah 아니 메하케 레하빌라]

◆ "When do I have to check out(언제 내가 호텔에서 계산을 치르고 나가면 됩니까)?"

בְּאֵיזֶה שָׁעָה עָלַי לָצֵאת

[be'eyzeh sha'ah 'alay lazze't 베에이제 샤아 알라이 라쩨트]

◆ "I would like my bill now because I am leaving immediately(내가 곧 떠나야 하기 때문에, 나는 지금 계산을 하고 싶습니다)."

אֲבַקֵּשׁ אֶת הַחֶשְׁבּוֹן שֶׁלִי עַכְשָׁיו כִּי אֲנִי יוֹצֵאת תֵּיכֶף
(여자가 말할 때)

['abakesh 'et haheshbon sheli 'akuhshayv ki 'ani yozze't teykep 아바케쉬 에트 하헤쉬본 쉘리 아크샤이브 키 아니 요쩨트 테이케프]

אֲבַקֵּשׁ אֶת הַחֶשְׁבּוֹן שֶׁלִי עַכְשָׁיו כִּי אֲנִי יוֹצֵא תֵּיכֶף
(남자가 말할 때)

['abakesh 'et haheshbon sheli 'akuhshayv ki 'ani yozze'

teykep 아바케쉬 에트 하헤쉬본 쉘리 아크샤이브 키 아니
요쩨 테이케프]

◆ "Can I give you a check(내가 당신에게 수표를 드려도 되겠
습니까)?"

הַאוּכַל לָתֵת לָכֶם צֶ'ק

[ha 'ukal latet lakem zzek 하우칼 라테트 라켐 쩨크]

◆ "Forward my mail to American Express at Paris(프랑스에서 나
의 우편물을 어메리컨 익스프레스[미국 속달편]으로 먼저
보냈습니다)."

תִּשְׁלְחוּ אֶת הַדֹּאַר שֶׁלִי לַאֲמֶרִיקָן אֶקְסְפְּרֶס

[tishlehu 'et haddo'ar sheli le'amerikan 'eksspuhress 티쉬레
후 에트 하도아르 쉘리 레아메리칸 엑쓰프레쓰]

객실담당 (여)종업원

מְשָׁרֶתֶת

메샤레테트

♦ "Do not disturb me until 7 o'clock(7시까지는 나를 귀찮게 하지 마세요)."

נָא לֹא לְהַפְרִיעַ לִי עַד שָׁעָה שֶׁבַע

[na' lo' lehapria' li 'ad sha'ah sheba' 나 로 레하프리아 리 아드 샤아 쉐바]

♦ "The door does not work well(문이 잘 작동되지 않습니다)."

הַדֶּלֶת לֹא בְּסֵדֶר

[hadelet lo' besseder 하델레트 로 베쎄데르]

◆ "The lock does not work well(자물쇠가 잘 작동되지 않습니다)."

הַמַנְעוּל לֹא בְּסֵדֶר

[haman'ul lo' besseder 하만울 로 베쎄데르]

◆ "It is too cold in the room(방이 너무 춥다)."

יוֹתֵר מִדַּי קַר בַּחֶדֶר

[yoter miday kar baheder 요테르 미다이 카르 바헤데르]

◆ "It is too hot in the room(방이 너무 덥다)."

יוֹתֵר מִדַּי חַם בַּחֶדֶר

[yoter miday ham baheder 요테르 미다이 함 바헤데르]

◆ "Could I have some laundry done(내가 세탁물 몇가지를 세탁해도 되겠습니까)?

הַאוּכַל לָתֵת כַּמָּה דְּבָרִים לְכַבֵּס

[ha'ukal latet kamah debarim lekabess 하우칼 라테트 카마 데바림 레카베쓰]

◆ "Bring me another blanket, please(담요를 하나 더 나에게 가져다 주시겠습니까)?"

הָבִיאִי לִי עוֹד שְׂמִיכָה בְּבַקָּשָׁה (여자에게 말할 때)

[habi'i li 'od ssemikah bebakashah 하비이 리 오드 쎄미카
베바카샤]

◆ "Bring me a bath mat, please(욕실 발 닦개를 나에게 가져다
주시겠습니까)?"

הָבִיאִי לִי שְׁטִיחַ אַמְבַּטְיָה בְּבַקָּשָׁה

[habi'i li shetiah 'ambatuhyah bebakashah 하비이 리 쉐티
아흐 암바트야 베바카샤]

◆ "Bring me some coat hangers(옷걸이 몇 개를 나에게 가져다
주시겠습니까)?"

הָבִיאִי לִי קֹלָבִים אֲחָדִים בְּבַקָּשָׁה

[habi'i li kolabim 'ahadim bebakashah 하비이 리 콜라빔 아
하딤 베바카샤]

◆ "Bring me a glass(컵 하나를 나에게 가져다 주시겠습니까)?"

הָבִיאִי לִי כּוֹס בְּבַקָּשָׁה

[habi'i li koss bebakashah 하비이 리 코쓰 베바카샤]

◆ "Bring me a pillow(베개 하나를 나에게 가져다 주시겠습니
까)?"

הָבִיאִי לִי כַּר בְּבַקָּשָׁה

[habi'i li kar bebakashah 하비이 리 카르 베바카샤]

◆ "Bring me a pillow case(베개 덮개 하나를 나에게 가져다 주시겠습니까)?"

הָבִיאִי לִי צִפִּיָה בְּבַקָשָׁה

[habi'i li zzipiyah bebakashah 하비이 리 찌피야 베바카샤]

◆ "Bring me soap(비누를 나에게 가져다 주시겠습니까)?"

הָבִיאִי לִי סַבּוֹן בְּבַקָשָׁה

[habi'i li ssabon bebakashah 하비이 리 싸본 베바카샤]

◆ "Bring me toilet paper(화장지를 나에게 가져다 주시겠습니까)?"

הָבִיאִי לִי נְיָר בֵּית כִּסֵא בְּבַקָשָׁה

[habi'i li neyar beyt kisse' bebakashah 하비이 리 네야르 베이트 키쎄 베바카샤]

◆ "Bring me some towels(수건 몇 개를 나에게 가져다 주시겠습니까)?"

הָבִיאִי לִי כַּמָה מַגְבוֹת בְּבַקָשָׁה

[habi'i li kamah magabot bebakashah 하비이 리 카마 마가보트 베바카샤]

◆ "Bring me some washcloths(세면, 목욕용 수건 몇 개를 나에게 가져다 주시겠습니까)?"

הָבִיאִי לִי כַּמָּה מַטְלִיּוֹת בְּבַקָּשָׁה

[habi'i li kamah matliyot bebakashah 하비이 리 카마 마틀리요트 베바카샤]

◆ "Please change the sheets(침대 시트를 교환해 주시겠습니까)?"

אֲבַקֵּשׁ לְהַחֲלִיף אֶת הַסְּדִינִים

['abakkesh lehaha lip 'et hassdinim 아바케쉬 레하할리프 에트 하쓰디님]

◆ "Make up my bed(잠자리를 마련해 주세요)."

סַדְּרִי אֶת מִטָּתִי (여자에게 말할 때)

[ssadri 'et mitati 싸드리 에트 미타티]

◆ "Come back later, please(나중에 오시겠습니까)?"

שׁוּבִי אַחַר כָּךְ בְּבַקָּשָׁה (여자에게 말할 때)

[shubi 'ahar kak bebakashah 슈비 아하르 카크 베바카샤]

아파트
דִּירָה
디라

◆ "I am looking for a furnished apartment(나는 가구가 비치된 아파트를 찾고 있습니다)."

אֲנִי מְחַפֶּשֶׂת דִּירָה מְרוּהֶטֶת (여자가 말할 때)

[ani mehapesset dirah meruhetet 아니 메하페쎄트 디라 매루헤테트]

אֲנִי מְחַפֵּשׂ דִּירָה מְרֻוהֶטֶת (남자가 말할 때)

[ani mehapess dirah meruhetet 아니 메하페쓰 디라 매루헤테트]

◆ "I am looking for an apartment with a bathroom(나는 욕실이 구비된 아파트를 찾고 있습니다)."

אֲנִי מְחַפֶּשֶׂת דִּירָה עִם אַמְבַּטְיָה (여자가 말할 때)

[ani mehapesset dirah 'im 'ambatuhyah 아니 메하페쎄트 디라 임 암바트야]

אֲנִי מְחַפֵּשׂ דִּירָה עִם אַמְבַּטְיָה (남자가 말할 때)

[ani mehapess dirah 'im 'ambatuhyah 아니 메하페쓰 디라 임 암바트야]

◆ "I am looking for an apartment with a shower(나는 샤워시설이 구비된 아파트를 찾고 있습니다)."

אֲנִי מְחַפֶּשֶׂת דִּירָה עִם מִקְלַחַת (여자가 말할 때)

[ani mehapesset dirah 'im mikuhlahat 아니 메하페쎄트 디라 임 미크라하트]

אֲנִי מְחַפֵּשׂ דִּירָה עִם מִקְלַחַת (남자가 말할 때)

[ani mehapess dirah 'im mikuhlahat 아니 메하페쓰 디라 임 미크라하트]

◆ "I am looking for an apartment with a dining room(나는 식당이 구비된 아파트를 찾고 있습니다)."

אֲנִי מְחַפֶּשֶׂת דִּירָה עִם חֲדַר אֹכֶל (여자가 말할 때)

[ani mehapesset dirah 'im hadar 'okel 아니 메하페쎄트 디라 임 하다르 오켈]

אֲנִי מְחַפֵּשׂ דִּירָה עִם חֲדַר אֹכֶל (남자가 말할 때)

[ani mehapess dirah 'im hadar 'okel 아니 메하페쓰 디라 임 하다르 오켈]

◆ "I am looking for an apartment with a kitchen(나는 부엌이 구비된 아파트를 찾고 있습니다)."

אֲנִי מְחַפֶּשֶׂת דִּירָה עִם מִטְבָּח (여자가 말할 때)

[ani mehapesset dirah 'im mitbah 아니 메하페쎄트 디라 임 미트바]

אֲנִי מְחַפֵּשׂ דִּירָה עִם מִטְבָּח (남자가 말할 때)

[ani mehapess dirah 'im mitbah 아니 메하페쓰 디라 임 미트바]

◆ "I am looking for an apartment with a living room(나는 거실이 구비된 아파트를 찾고 있습니다)."

אֲנִי מְחַפֶּשֶׂת דִּירָה עִם סָלוֹן (여자가 말할 때)

[ani mehapesset dirah 'im ssalon 아니 메하페쎄트 디라 임 쌀론]

אֲנִי מְחַפֵּשׂ דִּירָה עִם סָלוֹן (남자가 말할 때)

[ani mehapess dirah 'im ssalon 아니 메하페쓰 디라 임 쌀론]

◆ "Do you furnish the linen(당신은 리넨제품[리넨직물]을 제공해 주십니까)?"

הַאִם אַתְּ נוֹתֶנֶת אֶת הַסְּדִינִים (여자에게 말할 때)

[ha 'im 'at notenet 'et hassdinim 하임 아트 노테네트 에트 하쓰디님]

◆ "Do you furnish the dishes(당신은 접시들을 제공해 주십니까)?"

הַאִם אַתְּ נוֹתֶנֶת אֶת הַצַּלָּחוֹת (여자에게 말할 때)

[ha 'im 'at notenet 'et hazzalahot 하임 아트 노테네트 에트 하짤라호트]

◆ "Do you furnish the kooking utensils(당신은 요리기구들을 제공해 주십니까)?"

הַאִם אַתְּ נוֹתֶנֶת אֶת כְּלֵי הַבִּשּׁוּל (여자에게 말할 때)

[ha 'im 'at notenet 'et keley habishul 하임 아트 노테네트

에트 켈레이 하비술]

◆ "Do you know a good cook(당신은 훌륭한 요리사를 알고 계십니까)?"

הַאִם אַתְּ יוֹדַעַת עַל מְבַשֶּׁלֶת טוֹבָה (여자를 말할 때)

[haim at yoda'at al mebashelet tobah 하임 아트 요다아트 알 메바쉘레트 토바]

◆ "Do you know a good housemaid(당신은 훌륭한 가정부를 알고 계십니까)?

הַאִם אַתְּ יוֹדַעַת עַל עוֹזֶרֶת טוֹבָה (여자를 말할 때)

[haim at yoda'at 'al 'ozeret tobah 하임 아트 요다아트 알 오제레트 토바]

식당

מִסְעָדָה

미쓰아다

- "Can you recommend a restaurant for breakfast(당신은 아침식

  사를 할만한 식당을 추천해 주실 수 있습니까)?"

הַאִם אַתְּ יְכוֹלָה לְהַמְלִיץ עַל מִסְעָדָה לַאֲרוּחַת בֹּקֶר

(여자에게 말할 때)

[haim at yekolah lehamlizz al missuh'adah la'aruhat boker

하임 아트 예콜라 레함리쯔 알 미쓰아다 라아루하트 보케

르]

הַאִם אַתָּה יָכוֹל לְהַמְלִיץ עַל מִסְעָדָה לַאֲרוּחַת בֹּקֶר

(남자에게 말할 때)

[haim ata yakol lehamlizz al missuh'adah la'aruhat boker 하임 아타 야콜 레함리쯔 알 미쓰아다 라아루하트 보케르]

◆ "Can you recommend a restaurant for lunch(당신은 점심식사를 할 만한 식당을 추천해 주실 수 있습니까)?"

הַאִם אַתְּ יְכוֹלָה לְהַמְלִיץ עַל מִסְעָדָה לַאֲרוּחַת צָהֳרַיִם (여자에게 말할 때)

[haim at yekolah lehamlizz al missuh'adah la'aruhat zzohorayim 하임 아트 예콜라 레함리쯔 알 미쓰아다 라아루하트 쪼호라임]

הַאִם אַתָּה יָכוֹל לְהַמְלִיץ עַל מִסְעָדָה לַאֲרוּחַת צָהֳרַיִם (남자에게 말할 때)

[haim ata yakol lehamlizz al missuh'adah la'aruhat zzohorayim 하임 아타 야콜 레함리쯔 알 미쓰아다 라아루하트 쪼호라임]

◆ "Can you recommend a restaurant for supper(당신은 저녁식사를 할 만한 식당을 추천해 주실 수 있습니까)?"

הַאִם אַתְּ יְכוֹלָה לְהַמְלִיץ עַל מִסְעָדָה לַאֲרוּחַת עֶרֶב
(여자에게 말할 때)

[haim at yekolah lehamlizz al missuh'adah la'aruhat ereb 하임 아트 예콜라 레함리쯔 알 미쓰아다 라아루하트 에레브]

הַאִם אַתָּה יָכוֹל לְהַמְלִיץ עַל מִסְעָדָה לַאֲרוּחַת עֶרֶב
(남자에게 말할 때)

[haim ata yakol lehamlizz al missuh'ada la'aruhat ereb 하임 아타 야콜 레함리쯔 알 미쓰아다 라아루하트 에레브]

◆ "Can you recommend a restaurant for a sandwich(당신은 샌드위치를 먹을 만한 식당을 추천해 주실 수 있습니까)?"

הַאִם אַתְּ יְכוֹלָה לְהַמְלִיץ עַל מִסְעָדָה לְכָרִיךְ　(여자에게 말할 때)

[haim at yekolah lehamlizz al missuh'adah lekarik 하임 아트 예콜라 레함리쯔 알 미쓰아다 레카리크]

הַאִם אַתָּה יָכוֹל לְהַמְלִיץ עַל מִסְעָדָה לְכָרִיךְ　(남자에게 말할 때)

[haim ata yakol lehamlizz al missuh'adah lekarik 하임 아타 야콜 레함리쯔 알 미쓰아다 레카리크]

◆ "At what time is dinner served(몇시에 저녁식사가 제공됩니까)?"

בְּאֵיזוֹ שָׁעָה מַגִּישִׁים אֲרוּחַת עֶרֶב

[be'eyzo sha'ah magishim 'aruhat ereb 베에이조 샤아 마기쉼 아루하트 에레브]

◆ "Can we eat now(우리 지금 먹을 수 있습니까)?"

הַאִם נוּכַל לֶאֱכֹל עַכְשָׁיו

[ha'im nukal le'ekol akuhshayv 하임 누칼 레에콜 아크샤이브]

◆ "Are you my waitress(당신이 나의 [식사]담당 여종업원입니까)?"

הַאִם אַתְּ הַמֶּלְצָרִית שֶׁלִי

[haim at hamelzzarit sheli 하임 아트 하멜짜리트 쉘리]

◆ "Are you my waiter(당신이 나의 [식사]담당 남자종업원입니까)?"

הַאִם אַתָּה הַמֶּלְצָר שֶׁלִי

[haim ata hamelzzar sheli 하임 아타 하멜짜르 쉘리]

◆ "Are you the headwaiter(당신이 식사담당 급사장입니까)?"

הַאִם אַתָּה הַמֶּלְצָר הָרָאשִׁי

[haim ata hamelzzar hara'shi 하임 아타 하멜짜르 하라쉬]

◆ "Are you the wine steward(당신이 포도주담당 지배인입니까)?"

הַאִם אַתָּה הַמֶּלְצַר הַיֵּינוֹת

[haim ata hamelzzar hayeynot 하임 아타 하멜짜르 하예이노트]

◆ "Waiter(웨이터 혹은 종업원)"

מֶלְצַר [melzzar 멜짜르]

◆ "Give us a table near the window(우리에게 창가에 있는 식탁을 제공해 주세요)."

תֵּן לָנוּ שׁוּלְחָן עַל יַד הַחַלּוֹן (남자에게 말할 때)

[ten lanu shulhan al yad hahalon 텐 라누 슐한 알 야드 하할론]

◆ "Give us a table outside(우리에게 바깥쪽에 있는 식탁을 제공해 주세요)."

תֵּן לָנוּ שׁוּלְחָן בַּחוּץ (남자에게 말할 때)

[ten lanu shulhan bahuzz 텐 라누 슐한 바후쯔]

◆ "Give us a table inside(우리에게 안쪽에 있는 식탁을 제공해

주세요).”

תֵּן לָנוּ שׁוּלְחָן בִּפְנִים (남자에게 말할 때)

[ten lanu shulhan bipuhnim 텐 라누 슐한 비프님]

◆ “Give us a table at the side(우리에게 가장자리에 있는 식탁을 제공해 주세요).”

תֵּן לָנוּ שׁוּלְחָן בַּצַּד (남자에게 말할 때)

[ten lanu shulhan bazzad 텐 라누 슐한 바짜드]

◆ “Give us a table in the corner(우리에게 구석 쪽에 있는 식탁을 제공해 주세요).”

תֵּן לָנוּ שׁוּלְחָן בַּפִּנָּה (남자에게 말할 때)

[ten lanu shulhan bapina 텐 라누 슐한 바피나]

◆ “Give us a table for four persons(우리에게 4인용 식탁을 제공해 주세요).”

תֵּן לָנוּ שׁוּלְחָן לְאַרְבָּעָה אֲנָשִׁים (남자에게 말할 때)

[ten lanu shulhan learba‘ah anashim 텐 라누 슐한 레아르바아 아나쉼]

◆ “Please serve us quickly(우리에게 식사를 빨리 준비해 주세요).”

נָא לְהַגִּישׁ לָנוּ מַהֵר

[na lehagish lanu maher 나 레하기쉬 라누 마헤르]

◆ "What is the specialty of the house(그 집의 전문 음식은 무엇입니까)?"

מַהוּ הַמַּאֲכָל הַמְיוּחָד שֶׁלָכֶם

[mahu hama'akal hamuhyuh'ad shelakem 마후 하마아칼 하므유하드 쉘라켐]

◆ "Please bring me the menu(저에게 메뉴판을 가져와 주시겠습니까)?"

אֲבַקֵשׁ אֶת הַתַּפְרִיט

[abakesh et hatapuhrit 아바케쉬 에트 하타프리트]

◆ "Please bring me the wine list(저에게 포도주 주문표를 가져와 주시겠습니까)?"

אֲבַקֵשׁ אֶת רְשִׁימַת הַיֵּינוֹת

[abakesh et reshimat hayeynot 아바케쉬 에트 레쉬마트 하예이노트]

◆ "Please bring me bread and butter(저에게 빵과 버터를 가져와 주시겠습니까)?"

אֲבַקֵשׁ אֶת לֶחֶם וְחֶמְאָה

[abakesh et lehem vehem'ah 아바케쉬 에트 레헴 베헴아]

◆ "Please bring me a fork(저에게 포오크를 가져다 주시겠습니까)?"

אֲבַקֵּשׁ אֶת מַזְלֵג

[abakesh et mazuhleg 아바케쉬 에트 마즐레그]

◆ "Please bring me a knife(저에게 나이프를 가져다 주시겠습니까)?"

אֲבַקֵּשׁ אֶת סַכִּין

[abakesh et ssakin 아바케쉬 에트 싸킨]

◆ "Please bring me a teaspoon(저에게 찻숟가락을 가져다 주시겠습니까)?"

אֲבַקֵּשׁ אֶת כַּפִּית

[abakesh et kapit 아바케쉬 에트 카피트]

◆ "Please bring me a spoon(저에게 큰 숟가락을 가져다 주시겠습니까)?"

אֲבַקֵּשׁ אֶת כַּף

[abakesh et kap 아바케쉬 에트 카프]

◆ "Please bring me a napkin(저에게 냅킨을 가져다 주시겠습니까)?"

אֲבַקֵּשׁ אֶת מַפִּית

[abakesh et mapit 아바케쉬 에트 마피트]

◆ "Please bring me a dish(저에게 접시를 가져다 주시겠습니까)?"

אֲבַקֵשׁ אֶת צַלַחַת

[abakesh et zzalahat 아바케쉬 에트 짤라하트]

◆ "I like simple food(나는 수수한[간편한] 음식을 좋아합니다)."

אֲנִי אוֹהֶבֶת אֹכֶל פָּשׁוּט (여자가 말할 때)

[ani ohebet okel pashut 아니 오헤베트 오켈 파슈트]

אֲנִי אוֹהֵב אֹכֶל פָּשׁוּט (남자가 말할 때)

[ani oheb okel pashut 아니 오헤브 오켈 파슈트]

◆ "I like oriental food(나는 동양음식을 좋아합니다)."

אֲנִי אוֹהֶבֶת אֹכֶל מִזְרָחִי (여자가 말할 때)

[ani ohebet okel mizrahi 아니 오헤베트 오켈 미즈라히]

אֲנִי אוֹהֵב אֹכֶל מִזְרָחִי (남자가 말할 때)

[ani oheb okel mizrahi 아니 오헤브 오켈 미즈라히]

◆ "Not too spicy(양념을 너무 많이 넣지마세요)."

לֹא מְפוּלְפָּל בְּיוֹתֵר

[lo mepulpal beyoter 로 메풀팔 베요테르]

◆ "Not too sweet(너무 달게하지 마세요)."

לֹא מָתוֹק בְּיוֹתֵר

[lo matok beyoter 로 마토크 베요테르]

◆ "Not too sour(너무 시게하지 마세요)."

לֹא חָמוּץ בְּיוֹתֵר

[lo hamuzz beyoter 로 하무쯔 베요테르]

◆ "Without too much fat(기름이[지방이] 너무 많지 않도록 해 주세요)."

בְּלִי הַרְבֵּה שֶׁמֶן

[beli harbe shemen 벨리 하르베 쉐멘]

◆ "Not too tough(너무 질기지 않도록 해 주세요)."

לֹא קָשֶׁה בְּיוֹתֵר

[lo kasheh beyoter 로 카쉐 베요테르]

◆ "A little more, please(조금 더 많이 주세요)

קְצָר יוֹתֵר בְּבַקָשָׁה

[kezzar yoter bebakasha 케짜르 요테르 베바카샤]

◆ "A little less, please(조금 더 적게 주세요)

קְצָר פָּחוֹת בְּבַקָשָׁה

[kezzar pahot bebakasha 케짜르 파호트 베바카샤]

◆ "I have had enough(나는 충분히 먹었습니다)."

הָיָה לִי מַסְפִּיק

[hayah li masspik 하야 리 마쓰피크]

◆ "I have had too much(나는 너무 많이 먹었습니다)."

הָיָה לִי יוֹתֵר מִדַּי

[hayah li yoter miday 하야 리 요테르 미다이]

◆ "I like the meat cooked rare(나는 덜 구어진 고기를 좋아합니다)."

אֲבַקֵשׁ אֶת הַבָּשָׂר מְבוּשָׁל לְמֶחֱצָה

[abakesh et habassar mebushal lemehezza 아바케쉬 에트 하바싸르 메뷰샬 레메헤짜]

◆ "I like the meat cooked medium(나는 중간정도 구어진 고기를 좋아합니다)."

אֲבַקֵשׁ אֶת הַבָּשָׂר מְבוּשָׁל בֵּינוֹנִי

[abakesh et habassar mebushal beynoni 아바케쉬 에트 하바싸르 메뷰샬 베이노니]

◆ "I like the meat well done(나는 완전히 잘 구어진 고기를 좋

아합니다)."

אֲבַקֵּשׁ אֶת הַבָּשָׂר מְבוּשָׁל הֵיטֵב

[abakesh et habassar mebushal heyteb 아바케쉬 에트 하

바싸르 메뷰샬 헤이테브]

* "This is overcooked(이것은 너무 익었다)."

זֶה מְבוּשָׁל יוֹתֵר מִדַּי

[zeh mebushal yoter miday 제 메부샬 요테르 미다이]

* "This is undercooked(이것은 덜 익었다)."

זֶה לֹא מְבוּשָׁל לְגַמְרֵי

[zeh lo mebushal legamuhrey 제 로 메부샬 레가므레이]

* "This is cold(이것은 식은[찬] 것이다)."

זֶה קַר [zeh kar 제 카르]

* "Take it away, please(이것을 치워주시겠습니까)?"

קְחִי אֶת זֶה בְּבַקָּשָׁה (여자에게 말할 때)

[kehi et ze bebakashah 케히 에트 제 베바카샤]

קַח אֶת זֶה בְּבַקָּשָׁה (남자에게 말할 때)

[kah et ze bebakashah 카흐 에트 제 베바카샤]

* "I did not order this(나는 이것을 주문하지 않았습니다)."

אֶת זֶה לֹא הִזְמַנְתִּי

[et zeh lo hizmanti 에트 제 로 히즈만티]

◆ "May I change this for a salad(내가 이것을 샐러드로 바꾸어
도 되겠습니까)?"

הַאוּכַל לְהַחֲלִיף אֶת זֶה בְּסַלַט

[haukal lehahalip et zeh bessalat 하우칼 레하할리프 에트
제 베쌀라트]

◆ "The check, please(계산해 주시겠습니까)?"

הַחֶשְׁבּוֹן בְּבַקָשָׁה

[haheshbon bebakashah 하헤쉬본 베바카야샤]

◆ "Is the service charge included(써비스 요금이 포함되어 있습
니까)?"

הַאֶם זֶה כּוֹלֵל אֶת דְּמֵי הַשֵׁרוּת

[ha'em zeh kolel et demey hasherut 하엠 제 콜렐 에트 데
메이 하쉐루트]

◆ "I think there is a mistake in the bill(나는 계산서에 잘못이 있
다고 생각합니다)."

סְבוּרַנִי שֶׁיֵּשׁ שְׁגִיאָה בַּחֶשְׁבּוֹן

[sseburani sheyesh shegi'ah baheshbon 쎄부라니 쉐예쉬

쉐기아 바헤쉬본]

* "What are these charges for(어떻게 이러한 청구금액이 나옵니까)?"

עֲבוּר מָה הַסְּכוּמִים הָאֵלוּ

[abur mah hasskumim haelu 아부르 마 하쓰쿠밈 하엘루]

* "The food and service were excellent(음식과 써비스가 아주 훌륭합니다)."

הָאֹכֶל וְהַשֵּׁרוּת הָיוּ מְצוּיָנִים

[haokel vehasherut hayu mezzuyanim 하오켈 베하쉐루트 하유 메쭈야님]

* "This is for you(이것은 당신을 위한 것입니다)."

זֶה בִּשְׁבִילֵךְ (여자에게 말할 때)

[zeh bishbilek 제 비쉬빌레크]

זֶה בִּשְׁבִילְךָ (남자에게 말할 때)

[zeh bishbilka 제 비쉬빌카]

* "Hearty appetite(왕성한 식욕을 위하여)!"

בְּתֵאָבוֹן [beteabon 베테아본]

아침식사

אֲרוּחַת בֹּקֶר

아루하트 보케르

◆ "May I have fruit juice(내가 과일 쥬스를 마실 수 있습니
까)?"

אֲבַקֵשׁ מִיץ פֵּירוֹת

[abaqesh mizz peyrot 아바케쉬 미쯔 페이로트]

◆ "May I have grape juice(내가 포도 쥬스를 마실 수 있습니
까)?"

אֲבַקֵשׁ מִיץ עֲנָבִים

[abaqesh mizz anabim 아바케쉬 미쯔 아나빔]

◆ "May I have orange juice(내가 오렌지 쥬스를 마실 수 있습
니까)?"

אֲבַקֵשׁ מִיץ תַּפּוּזִים

[abaqesh mizz tapuzim 아바케쉬 미쯔 타푸짐]

◆ "May I have tomato juice(내가 토마토 쥬스를 마실 수 있습
니까)?"

אֲבַקֵשׁ מִיץ עַגְבְנִיּוֹת

[abaqesh mizz aguhbaniyot 아바케쉬 미쯔 아그바니요트]

◆ "May I have stewed prunes(내가 스튜요리한 말린자두를 먹
을 수 있습니까)?"

אֲבַקֵשׁ שְׁזִיפִים מְבוּשָׁלִים

[abaqesh shezipim mebushalim 아바케쉬 쉐지핌 메부살
림]

◆ "May I have cooked cereal(내가 볶은 곡물식품을 먹을 수 있
습니까)?"

אֲבַקֵשׁ דַּיְסָה

[abaqesh dayssah 아바케쉬 다이싸]

or אֲבַקֵשׁ גְּרִיסִים

[abaqesh gerissim 아바케쉬 게리씸]

◆ "May I have toast and jam(잼을 바른 구운빵을 먹을 수 있습니까)?"

אֲבַקֵשׁ טוֹסְט עִם רִבָּה

[abaqesh tosst im ribah 아바케쉬 토쓰트 임 리바]

◆ "May I have rolls(내가 롤빵을 먹을 수 있습니까)?"

אֲבַקֵשׁ לַחְמָנִיּוֹת

[abaqesh lahuhmaniyot 아바케쉬 라흐마니요트]

◆ "I will order an omelet(나는 오믈렛을 주문하겠습니다)."

אַזְמִין אוֹמְלֶט

[azmin omuhlet 아즈민 오믈레트]

or אַזְמִין חֲבִיתָה

[azmin habitah 아즈민 하비타]

◆ "I will order soft-boiled eggs(나는 반숙 달걀을 주문하겠습니다)."

אַזְמִין בֵּיצִים רַכּוֹת

[azmin beyzzim rakot 아즈민 베이찜 라코트]

◆ "I will order a four - minute egg(나는 4분 정도 삶은 계란을

주문하겠습니다)."

אַזְמִין בֵּיצָה מְבוּשֶׁלֶת אַרְבָּעָה רְגָעִים

[azmin beyzzah mebushelet arba‘ah rega‘im 아즈민 베이짜

메부쉘레트 아르바아 레가임]

◆ "I will order hard -boiled eggs(나는 단단하게 삶은 계란을 주

문하겠습니다)."

אַזְמִין בֵּיצִים קָשׁוֹת

[azmin beyzzim kashot 아즈민 베이찜 카쇼트]

◆ "I will order fried egg(나는 프라이 요리한 계란을 주문하겠

습니다)."

אַזְמִין בֵּיצִיָּה

[azmin beyzziyah 아즈민 베이찌야]

◆ "I will order scrambled eggs(나는 휘저어 익힌 달걀을 주문하

겠습니다)."

אַזְמִין חֲבִיתָה

[azmin habitah 아즈민 하비타]

수프와 앙트레(Entrée: 前食)

מָרָק וּמָנָה רֵאשִׁית

마라크 우마나 라쉬트

* "I want chicken soup(나는 치킨 수프를 먹고 싶습니다)."

אֲבַקֵּשׁ מָרַק עוֹף

[abakesh marak op 아바케쉬 마라크 오프]

* "I want borscht(나는 당근즙을 넣은 수프를 먹고 싶습니다)."

אֲבַקֵּשׁ חֲמִיצָה

[abakesh hamizzah 아바케쉬 하미짜]

◆ "I want fruit soup(나는 과일 수프를 먹고 싶습니다)."

אֲבַקֵּשׁ מָרָק פֵּירוֹת

[abakesh marak peyrot 아바케쉬 마라크 페이로트]

◆ "I want vegetable soup(나는 야채 수프를 먹고 싶습니다)."

אֲבַקֵּשׁ מָרָק יְרָקוֹת

[abakesh marak yerakot 아바케쉬 마라크 예라코트]

◆ "I want beef(나는 쇠고기를 먹고 싶습니다)."

אֲבַקֵּשׁ בְּשַׂר בָּקָר

[abakesh bessar bakar 아바케쉬 베싸르 바카르]

◆ "I want roast beef(나는 불고기를 먹고 싶습니다)."

אֲבַקֵּשׁ רוֹסְטְבִּיף

[abakesh rossuhtbip 아바케쉬 로쓰트비프]

◆ "I want carp(나는 잉어고기를 먹고 싶습니다)."

אֲבַקֵּשׁ קַרְפִּיוֹן

[abakesh karpuhyon 아바케쉬 카르프욘]

◆ "I want creamed cottage cheese(나는 크림을 넣은 희고연한 치즈를 먹고 싶습니다)."

אֲבַקֵשׁ גְּבִינָה לְבָנָה

[abakesh gebinah lebanah 아바케쉬 게비나 레바나]

◆ "I want sour cream(나는 신 크림을 먹고 싶습니다)."

אֲבַקֵשׁ שַׁמֶּנֶת

[abakesh shamenet 아바케쉬 샤메네트]

◆ "I want broiled or roast chicken(나는 구운 치킨을 먹고 싶습니다)."

אֲבַקֵשׁ עוֹף צָלוּי

[abakesh op zzaluy 아바케쉬 오프 짤루이]

◆ "I want fried chicken(나는 기름에 튀긴 치킨을 먹고 싶습니다)."

אֲבַקֵשׁ עוֹף מְטוּגָּן

[abakesh op metugan 아바케쉬 오프 메투간]

◆ "I want duck(나는 오리 고기를 먹고 싶습니다)."

אֲבַקֵשׁ בַּרְוָז

[abakesh barvaz 아바케쉬 바르바즈]

◆ "I want goose(나는 거위 고기를 먹고 싶습니다)."

אֲבַקֵשׁ אַוָּז

[abakesh avaz 아바케쉬 아바즈]

◆ "I want lamb(나는 양고기를 먹고 싶습니다)."

אֲבַקֵּשׁ בְּשַׂר כֶּבֶשׂ

[abakesh beshar kebess 아바케쉬 베샤르 케베쓰]

◆ "I want liver(나는 간을 먹고 싶습니다)."

אֲבַקֵּשׁ כָּבֵד

[abakesh kabed 아바케쉬 카베드]

◆ "I want pork(나는 돼지 고기를 먹고 싶습니다)."

אֲבַקֵּשׁ בְּשַׂר חֲזִיר

[abakesh bessar hazir 아바케쉬 베싸르 하지르]

◆ "I want sardiness(나는 정어리를 먹고 싶습니다)."

אֲבַקֵּשׁ סַרְדִּינִים

[abakesh ssardinim 아바케쉬 싸르디님]

◆ "I want sausage(나는 소시지를 먹고 싶습니다)."

אֲבַקֵּשׁ נַקְנִיק

[abakesh naknik 아바케쉬 나크니크]

◆ "I want shishkebab(나는 시시커밥[1]을 먹고 싶습니다)."

---

[1] 양고기, 쇠고기 등을 포도주, 기름, 조미료로 양념하고 이를 꼬챙이에 끼

אֲבַקֵּשׁ קַבַּב

[abakesh kabab 아바케쉬 카바브]

or אֲבַקֵּשׁ שַׁשְׁלִיק

[abakesh shashlik 아바케쉬 샤쉴리크]

◆ "I want steak(나는 쇠고기를 먹고 싶습니다)."

אֲבַקֵּשׁ סְטֵק

[abakesh ssetek 아바케쉬 쎄테크]

or אֲבַקֵּשׁ אוּמְצָה

[abakesh 'umzzah 아바케쉬 움짜]

◆ "I want veal(나는 송아지 고기를 먹고 싶습니다)."

אֲבַקֵּשׁ בְּשַׂר עֵגֶל

[abakesh bessar 'egel 아바케쉬 베싸르 에겔]

◆ "I want a kind of yoghurt(나는 요구르트 종류를 먹고 싶습니
다)."

אֲבַקֵּשׁ לֶבֶּן

[abakesh leben 아바케쉬 레벤]

or אֲבַקֵּשׁ לְבֶּנִיָּה

[abakesh lebeniyah 아바케쉬 레베니야]

워 구운 것.

야채와 샐러드

יְרָקוֹת וְסַלָט

예라코트 베쌀라트

- "Please serve me some asparagus(저에게 아스파라거스를 좀 가져다 주십시오)."

נָא לְהַגִּישׁ לִי קְצָת אַסְפָּרַגוּס

[na' lehagish li kezzat assparaguss 나 레하기쉬 리 케짜트 아쓰파라구쓰]

- "Please serve me some beans(저에게 콩을 좀 가져다 주십시요)."

נָא לְהַגִּישׁ לִי קְצָת שְׁעוּעִית

[na' lehagish li kezzat she'uit 나 레하기쉬 리 케짜트 쉐우

이트]

♦ "Please serve me some cabbage(저에게 양배추를 좀 가져다 주십시요)."

נָא לְהַגִּישׁ לִי קְצָת כְּרוּב

[na' lehagish li kezzat kerub 나 레하기쉬 리 케짜트 케루브]

♦ "Please serve me some carrots(저에게 당근을 좀 가져다 주십시요)."

נָא לְהַגִּישׁ לִי קְצָת גֶּזֶר

[na' lehagish li kezzat gezer 나 레하기쉬 리 케짜트 게제르]

♦ "Please serve me some cauliflower(저에게 콜리플라워를 좀 가져다 주십시요)."

נָא לְהַגִּישׁ לִי קְצָת כְּרוּבִית

[na' lehagish li kezzat kerubit 나 레하기쉬 리 케짜트 케루비트]

♦ "Please serve me some cucumber(저에게 오이를 좀 가져다 주십시요)."

נָא לְהַגִּישׁ לִי קְצָת מְלַפְפוֹן

[na' lehagish li kezzat melapuhpon 나 레하기쉬 리 케짜트 멜라프폰]

◆ "Please serve me some cussa, a cucumber-like vegetable(저에게 쿠사[1]를 좀 가져다 주십시오)."

נָא לְהַגִּישׁ לִי קְצָת קִישׁוּאִים

[na' lehagish li kezzat kishu'im 나 레하기쉬 리 케짜트 키슈임]

◆ "Please serve me some eggplant(저에게 가지를 좀 가져다 주십시오)."

נָא לְהַגִּישׁ לִי קְצָת חֲצִילִים

[na' lehagish li kezzat hazzilim 나 레하기쉬 리 케짜트 하찔림]

◆ "Please serve me some lettuce(저에게 상추를 좀 가져다 주십시오)."

נָא לְהַגִּישׁ לִי קְצָת חַסָּה

[na' lehagish li kezzat hassah 나 레하기쉬 리 케짜트 하싸]

---

[1] 오이와 유사한 식물

◆ "Please serve me some mushrooms(저에게 버섯을 좀 가져다 주십시오)."

נָא לְהַגִּישׁ לִי קְצָת פְּטְרִיּוֹת

[na' lehagish li kezzat pitriyot 나 레하기쉬 리 케짜트 피트리요트]

◆ "Please serve me some black olives(저에게 흑 올리브를 좀 가져다 주십시오)."

נָא לְהַגִּישׁ לִי קְצָת זֵיתִים שְׁחוֹרִים

[na' lehagish li kezzat zeytim shehorim 나 레하기쉬 리 케짜트 제이팀 쉐호림]

◆ "Please serve me some green olives(저에게 푸른 올리브를 좀 가져다 주십시오)."

נָא לְהַגִּישׁ לִי קְצָת זֵיתִים יְרוּקִים

[na' lehagish li kezzat zeytim yerukim 나 레하기쉬 리 케짜트 제이팀 예루킴]

◆ "Please serve me some peas(저에게 완두콩을 좀 가져다 주십시요)."

נָא לְהַגִּישׁ לִי קְצָת אֲפוּנָה

[na' lehagish li kezzat apunah 나 레하기쉬 리 케짜트 아푸

나]

* "Please serve me some peppers(저에게 후추를 좀 가져다 주
십시오)."

נָא לְהַגִּישׁ לִי קְצָת פִּלְפְּלִים

[na' lehagish li kezzat pilpuhlim 나 레하기쉬 리 케짜트 필
플림]

* "Please serve me some boiled potatoes(저에게 삶은 감자를 좀
가져다 주십시오)."

נָא לְהַגִּישׁ לִי קְצָת תַּפּוּחֵי אֲדָמָה מְבוּשָׁלִים

[na' lehagish li kezzat tapuhey 'adamah mebushalim 나 레
하기쉬 리 케짜트 타푸헤이 아다마 메부샬림]

* "Please serve me some fried potatoes(저에게 기름에 튀긴 감
자를 좀 가져다 주십시오)."

נָא לְהַגִּישׁ לִי קְצָת תַּפּוּחֵי אֲדָמָה מְטוּגָּנִים

[na' lehagish li kezzat tapuhey 'adamah metuganim 나 레
하기쉬 리 케짜트 타푸헤이 아다마 메투가님]

* "Please serve me some mashed potatoes(저에게 매시포테이토[1]
를 좀 가져다 주십시오)."

---

1 감자를 짓이겨서 만든 것

נָא לְהַגִּישׁ לִי קְצָת תַּפּוּחֵי אֲדָמָה מְרוּסָקִים

[na' lehagish li kezzat tapuhey 'adamah merussakim 나 레하기쉬 리 케짜트 타푸헤이 아다마 메루싸킴]

◆ "Please serve me some rice(저에게 쌀밥을 좀 가져다 주십시요)."

נָא לְהַגִּישׁ לִי קְצָת אֹרֶז

[na' lehagish li kezzat 'orez 나 레하기쉬 리 케짜트 오래즈]

◆ "Please serve me some crushed soya beans(저에게 눌러으깬 콩비지를 좀 가져다 주십시요)."

נָא לְהַגִּישׁ לִי קְצָת טְחִינָה

[na' lehagish li kezzat tehinah 나 레하기쉬 리 케짜트 테히나]

◆ "Please serve me some spinach(저에게 시금치를 좀 가져다 주십시요)."

נָא לְהַגִּישׁ לִי קְצָת תֶּרֶד

[na' lehagish li kezzat tered 나 레하기쉬 리 케짜트 테레드]

◆ "Please serve me some tomatoes(저에게 토마토를 좀 가져다 주십시요)."

נָא לְהַגִּיש לִי קְצָת עַגְבָנִיּוֹת

[na' lehagish li kezzat aguhbaniyot 나 레하기쉬 리 케짜트 아그바니요트]

◆ "Please serve me some deep fried vegetable balls(저에게 기름을 듬뿍넣고 튀긴 야채를 좀 가져다 주십시오)."

נָא לְהַגִּיש לִי קְצָת פָּלָפֶל

[na lehagish li kezzat palapel 나 레하기쉬 리 케짜트 팔라펠]

과일

פֵּירוֹת

페이로트

+ "Please bring me an apple(저에게 사과 한개를 가져다 주십시요)."

נָא לְהָבִיא לִי תַּפּוּחַ

[na lehabi' li tapuah 나 레하비 리 타푸아흐]

+ "Please bring me apricots(저에게 살구를 가져다 주십시요)."

נָא לְהָבִיא לִי מִשְׁמִישׁ

[na' lehabi' li mishmish 나 레하비 리 미쉬미쉬]

נָא לְהָבִיא לִי מִשְׁמֵשׁ or

[na' lehabi' li mishmesh 나 레하비 리 미쉬메쉬]

* "Please bring me breadfruit(저에게 빵나무 열매를 가져다 주십시요)."

נָא לְהָבִיא לִי חֲרוּבִים

[na' lehabi' li harubim 나 레하비 리 하루빔]

* "Please bring me some cherries (저에게 버찌를 좀 가져다 주십시요)."

נָא לְהָבִיא לִי כַּמָה דוּבְדְבָנִים

[na' lehabi' li kamah dubuhduhbanim 나 레하비 리 카마 두 브드바님]

* "Please bring me dates(저에게 대추야자를 가져다 주십시요)."

נָא לְהָבִיא לִי תְּמָרִים

[na' lehabi' li temarim 나 레하비 리 테마림]

* "Please bring me figs(저에게 무화과들을 가져다 주십시요)."

נָא לְהָבִיא לִי תְּאֵנִים

[na' lehabi' li te'enim 나 레하비 리 테에님]

◆ "Please bring me a grapefruit(저에게 한 개의 그레이프프루트를 가져다 주십시오)."

נָא לְהָבִיא לִי אֶשְׁכּוֹלִית

[na' lehabi' li eshkolit 나 레하비 리 에쉬콜리트]

◆ "Please bring me some grapes(저에게 포도를 좀 가져다 주십시오)."

נָא לְהָבִיא לִי כַּמָּה עֲנָבִים

[na' lehabi' li kamah 'anabim 나 레하비 리 카마 아나빔]

◆ "Please bring me a lemon(저에게 레몬 한 개를 가져다 주십시오)."

נָא לְהָבִיא לִי לִימוֹן

[na' lehabi' li limon 나 레하비 리 리몬]

◆ "Please bring me a melon(저에게 멜론 한 개를 가져다 주십시오)."

נָא לְהָבִיא לִי אֲבַטִּיחַ

[na' lehabi' li 'abatiah 나 레하비 리 아바티아흐]

◆ "Please bring me mulberries(저에게 뽕나무 열매 즉, 오디를

가져다 주십시오).”

נָא לְהָבִיא לִי תּוּת

[na' lehabi' li tut 나 레하비 리 투트]

◆ “Please bring me an orange(저에게 오렌지 한 개를 가져다 주십시오).”

נָא לְהָבִיא לִי תַּפּוּחַ זָהָב

[na' lehabi' li tapuah zahab 나 레하비 리 타푸아흐 자하브]

◆ “Please bring me a peach(저에게 복숭아 한 개를 가져다 주십시오).”

נָא לְהָבִיא לִי אֲפַרְסֵק

[na' lehabi' li aparssek 나 레하비 리 아파르쎄크]

◆ “Please bring me prickly pear(저에게 부채 선인장을 가져다 주십시오).”

נָא לְהָבִיא לִי צַבָּר

[na' lehabi' li zzabar 나 레하비 리 짜바르]

◆ “Please bring me raspberries(저에게 나무딸기를 가져다 주십시오).”

נָא לְהָבִיא לִי פֶּטֶלִים

[na' lehabi' li petalim 나 레하비 리 페탈림]

◆ "Please bring me strawberries(저에게 딸기를 가져다 주십시
요)."

נָא לְהָבִיא לִי תּוּת שָׂדֶה

[na' lehabi' li tut ssadeh 나 레하비 리 투트 싸데흐]

음료수

מַשְׁקָאוֹת

마쉬카오트

◆ "I will drink a cup of black coffee(나는 한 잔의 블랙커피를 마시겠습니다)."

אֶשְׁתֶּה סֵפֶל קָפֶה שָׁחוֹר

['eshteh ssepel kapeh shahor 에쉬테 쎄펠 카페 샤호르]

◆ "I will drink coffee with milk(나는 밀크 커피를 마시겠습니

다).”

אֶשְׁתֶּה קָפֶה עִם חָלָב

[’eshteh kapeh ‘im halab 에쉬테 카페 임 할라브]

* “I will drink Turkish coffee(나는 터어키산 커피를 마시겠습니다).”

אֶשְׁתֶּה קָפֶה טוּרְקִי

[’eshteh kapeh turki 에쉬테 카페 투르키]

* “I will drink a glass of tea(나는 차 한잔을 마시겠습니다).”

אֶשְׁתֶּה כּוֹס תֵה

[’eshteh koss teh 에쉬테 코쓰 테]

* “I will drink hot chocolate(나는 뜨거운 초콜렛을 마시겠습니다).”

אֶשְׁתֶּה קַקָאוֹ חַם

[’eshteh kaka’o ham 에쉬테 카카오 함]

* “I will drink a glass of milk(나는 우유 한 잔을 마시겠습니다).”

אֶשְׁתֶּה כּוֹס חָלָב

[’eshteh koss halab 에쉬테 코쓰 할라브]

◆ "I will drink lemonade(나는 레몬네이드를 마시겠습니다)."

אֶשְׁתֶּה לִימוֹנָדָה

['eshteh limonadah 에쉬테 리모나다]

디저트

מְנוֹת אַחֲרוֹנוֹת

마노트 아하로니트

* "May I have some cake(내가 케익을 좀 먹을 수 있습니까)?"

הַאוּכַל לְקַבֵּל עוּגָה

[ha'ukal lekabel 'ugah 하우칼 레카벨 우가]

* "May I have a fruit cake(내가 과일 케익을 하나 먹을 수 있습니까)?"

הָאוּכַל לְקַבֵּל עוּגַת פֵּירוֹת

[ha'ukal lekabel 'ugat peyrot 하우칼 레카벨 우가트 페이로트]

◆ "May I have cheese(내가 치이즈를 먹을 수 있습니까)?"

הָאוּכַל לְקַבֵּל גְּבִינָה

[ha'ukal lekabel gebinah 하우칼 레카벨 게비나]

◆ "May I have cookies(내가 쿠키를 먹을 수 있습니까)?"

הָאוּכַל לְקַבֵּל עוּגִיּוֹת

[ha'ukal lekabel 'ugiyot 하우칼 레카벨 우기요트]

◆ "May I have custard(내가 커스터드[1]를 먹을 수 있습니까)?"

הָאוּכַל לְקַבֵּל פּוּדִינְג

[ha'ukal lekabel puding 하우칼 레카벨 푸딘그 혹은 푸딩]

◆ "May I have halva(내가 할바[2]를 먹을 수 있습니까)?"

הָאוּכַל לְקַבֵּל חַלְבָּה

[ha'ukal lekabel halbah 하우칼 레카벨 할바]

◆ "May I have chocolate ice cream(내가 초콜렛 아이스크림을 먹을 수 있습니까)?"

---

[1] 우유, 계란에 설탕, 향료를 넣어 구운 과자
[2] 깨와 꿀로 만든 터어키의 과자

הָאוּכַל לְקַבֵּל גְּלִידַת שׁוֹקוֹלָדָה

[ha'ukal lekabel gelidat shokoladah 하우칼 레카벨 겔리다트 쇼콜라다]

◆ "May I have vanilla ice cream(내가 바닐라 아이스크림을 먹을 수 있습니까)?"

הָאוּכַל לְקַבֵּל גְּלִידַת וָנִיל

[ha'ukal lekabel gelidat vanil 하우칼 레카벨 겔리다트 바닐]

◆ "May I have whipped cream(내가 생크림[1]을 먹을 수 있습니까)?"

הָאוּכַל לְקַבֵּל שַׁמֶּנֶת קַצֶּפֶת

[ha'ukal lekabel shamenet kazzepet 하우칼 레카벨 샤메네트 카째페트]

---

[1] 거품이 일게 한 생크림

까페

בֵּית קָפֶה
베이트 카페

- "Bartender! I'd like to have a drink(지배인, 나는 음료수를 마시고 싶습니다)."

מֶלְצַר אֲבַקֵשׁ מַשְׁקֶה

[melzzar 'abakesh mashkeh 멜짜르 아바케쉬 마쉬케]

- "Bartender! I'd like to have a cocktail(지배인, 나는 칵테일을 마시고 싶습니다)."

מֶלְצָר אֲבַקֵשׁ קוֹקְטֵייל

[melzzar 'abakesh kokteiyl 멜짜르 아바케쉬 콕테일]

◆ "Bartender! I'd like to have a fruit drink(지배인, 나는 과일음료
를 마시고 싶습니다)."

מֶלְצָר אֲבַקֵשׁ מִיץ פֵּירוֹת

[melzzar 'abakesh mizz peyrot 멜짜르 아바케쉬 미쯔 페이
로트]

◆ "Bartender! I'd like to have a small bottle of mineral water(지 배
인, 나는 작은 병의 청량음료를 마시고 싶습니다)."

מֶלְצָר אֲבַקֵשׁ בַקְבּוּק סוֹדָה קָטָן

[melzzar 'abakesh bakbuk ssodah katan 멜짜르 아바케쉬
바크부크 쏘다 카탄]

◆ "Bartender! I'd like to have a large bottle of mineral water(지 배
인, 나는 큰 병의 청량음료를 마시고 싶습니다)."

מֶלְצָר אֲבַקֵשׁ בַקְבּוּק סוֹדָה גָדוֹל

[melzzar 'abakesh bakuhbuk ssodah gadol 멜짜르 아바케
쉬 바크부크 쏘다 가돌]

◆ "Bartender! I'd like to have some light beer(지배인, 나는 알코
올 성분이 낮은 맥주를 조금 마시고 싶습니다)."

מֶלְצַר אֲבַקֵשׁ בִּירָה בְּהִירָה

[melzzar 'abakesh birah behirah 멜짜르 아바케쉬 비라 베히라]

* "Bartender! I'd like to have some dark beer(지배인, 나는 알코올 성분이 높은 맥주를 조금 마시고 싶습니다)."

מֶלְצַר אֲבַקֵשׁ בִּירָה כֵּהָה

[melzzar 'abakesh birah kehah 멜짜르 아바케쉬 비라 케하]

* "Bartender! I'd like to have some champagne(지배인, 나는 샴페인을 조금 마시고 싶습니다)."

מֶלְצַר אֲבַקֵשׁ יֵין שַׁמְפַּנְיָה

[melzzar 'abakesh yeyn shampanyah 멜짜르 아바케쉬 예인 샴판야]

* "Bartender! I'd like to have some cognac(지배인, 나는 코냑을 조금 마시고 싶습니다)."

מֶלְצַר אֲבַקֵשׁ יֵין שָׂרָף

[melzzar 'abakesh yeyn ssarap 멜짜르 아바케쉬 예인 싸라프]

or מֶלְצַר אֲבַקֵשׁ קוֹנְיָק

[melzzar 'abakesh konyak 멜짜르 아바케쉬 콘약]

◆ "Bartender! I'd like to have a cordial or liqueur(지배인, 나는 감로주 혹은 리큐어 술을 마시고 싶습니다)."

מֶלְצַר אֲבַקֵּשׁ לִיקֶר

[melzzar 'abakesh liker 멜짜르 아바케쉬 리케르]

◆ "Bartender! I'd like to have a glass of port(지배인, 나는 포트와인을 한 잔 마시고 싶습니다)."

מֶלְצַר אֲבַקֵּשׁ כּוֹס פּוֹרְט

[melzzar 'abakesh koss port 멜짜르 아바케쉬 코쓰 포르트]

◆ "Bartender! I'd like to have a glass of sherry(지배인, 나는 셰리주를 한 잔 마시고 싶습니다)."

מֶלְצַר אֲבַקֵּשׁ כּוֹס שֶׁרִי

[melzzar 'abakesh koss sheri 멜짜르 아바케쉬 코쓰 쉐리]

◆ "Bartender! I'd like to have some white wine(지배인, 나는 백포도주를 한 잔 마시고 싶습니다)."

מֶלְצַר אֲבַקֵּשׁ יַיִן לָבָן

[melzzar 'abakesh yayin laban 멜짜르 아바케쉬 야인 라반]

◆ "Bartender! I'd like to have some red wine(지배인, 나는 적포도
주를 한 잔 마시고 싶습니다)."

מֶלְצָר אֲבַקֵשׁ יַיִן אָדֹם

[melzzar 'abakesh yayin 'adom 멜짜르 아바케쉬 야인 아
돔]

◆ "Let's have another(우리 한 잔 더 마십시다)."

נִשְׁתֶּה עוֹד כּוֹס

[nishteh 'od koss 니쉬테 오드 코쓰]

◆ "To your health(당신의 건강을 위하여)!"

לְחַיִּים [lehayim 레하임]

식품목록
רְשִׁימַת מַאֲכָלִים
레쉬마트 마아칼림

◆ "Drinking water(마실물)"

מֵי שְׁתִיָּה [mey shetiyah 메이 쉐티야]

◆ "Water with ice(얼음이 있는)"

מַיִם עִם קֶרַח [mayim im kerah 마임 임 케라흐]

◆ "Water without ice(얼음이 없는 물)"

מַיִם בְּלִי קֶרַח [mayim beli kerah 마임 벨리 케라흐]

◆ "The bread(빵)"

הַלֶּחֶם [halehem 하레헴]

◆ "Peeta --tortilla - like bread(둥글납작한 옥수수빵)"

פִּיתָה [pitah 피타]

◆ "The butter(버터)"

הַחֶמְאָה [hahem'ah 하헴아]

◆ "The sugar(설탕)"

הַסּוּכָּר [hassukar 하쑤카르]

◆ "The salt(소금)"

הַמֶּלַח [hamelah 하멜라흐]

◆ "The pepper(후추)"

הַפִּלְפֵּל [hapilpel 하필펠]

◆ "The sauce(소스 혹은 양념)"

הָרוֹטֶב [haroteb 하로테브]

◆ "The olive oil(올리브 기름)"

שֶׁמֶן הַזַּיִת [shemen hazayit 쉐멘 하자이트]

◆ "The vinegar(식초)"

הַחוֹמֶץ [hahomezz 하호메쯔]

◆ "The mustard(겨자)"

הַחַרְדָּל [hahardal 하하르달]

◆ "The garlic(마늘)"

הַשׁוּם [hashum 하슘]

◆ "The catsup(케첩)"

הַקֶּטְשׁוּפּ [haketshup 하켈슙 or 하케트슙]

제8부
관광과 쇼핑

관광

סִיּוּר

씨우르

◆ "Where can I rent a car(내가 어디에서 차를 빌릴 수 있습니까)?"

אֵיפֹה אוּכַל לִשְׂכֹּר מְכוֹנִית

['eypoh 'ukal lesskor mekonit 에이포 우칼 레쓰코르 메코니트]

◆ "Where can I rent a bicycle(내가 어디에서 자전거를 빌릴 수 있습니까)?"

אֵיפֹה אוּכַל לִשְׂכֹּר אוֹפַנַיִם

['eypoh 'ukal lesskor 'opuhnayim 에이포 우칼 레쓰코르 오
프나임]

◆ "Where can I rent a horse and carriage(내가 어디에서 말과 마
차를 빌릴 수 있습니까)?"

אֵיפֹה אוּכַל לִשְׂכֹּר סוּס וַעֲגָלָה

['eypoh 'ukal lesskor ssuss va'agalah 에이포 우칼 레쓰코
르 쑤쓰 바아갈라]

◆ "I want a licensed guide who speaks English(나는 영어를 말
할 수 있는 통역안내원을 구합니다)."

אֲנִי רוֹצָה מוֹרֶה דֶּרֶךְ בַּעַל רִשָׁיוֹן (여자가 말할 때)

['ani rozzah moreh derek baal rishayon 아니 로짜 모레 데
레크 바알 리샤욘]

אֲנִי רוֹצֶה מוֹרֶה דֶּרֶךְ בַּעַל רִשָׁיוֹן (남자가 말할 때)

[ani rozze more derek ba'al rishayon 아니 로쩨 모레 데레
크 바알 리샤욘]

◆ "What is the charge per hour(매 시간 지불해야 할 비용이 얼
마입니까)?"

מַה הַמְּחִיר לְשָׁעָה

[mah hamuhhir lesha'ah 마 하므히르 레샤아]

* "What is the charge per day(매일마다 지불해야 할 비용이 얼마입니까)?"

מַה הַמְחִיר לְיוֹם

[mah hamuhhir leyom 마 하므히르 레욤]

* "What is the fare for a trip to the collective farm(집단농장까지 여행하는데 드는 요금은 얼마입니까)?"

כַּמָה תַעֲלֶה הַנְסִיעָה לַקִּבּוּץ

[kamah ta'aleh hanuhssi'ah lakibuzz 카마 타알레 하느씨아 라키부쯔]

* "What is the fare for a trip to the mountains(산까지 여행하는데 드는 요금은 얼마입니까)?"

כַּמָה תַעֲלֶה הַנְסִיעָה לֶהָרִים

[kamah ta'aleh hanuhssi'ah leharim 카마 타알레 하느씨아 레하림]

* "What is the fare for a trip on the river(강가로 여행하는데 드는 요금은 얼마입니까)?"

כַּמָה תַעֲלֶה הַנְסִיעָה עַל הַנָּהָר

[kamah ta'aleh hanuhssi'ah al hanahar 카마 타알레 하느씨

아 알 하나하르]

* "What is the fare for a trip to the sea(바다까지 여행하는데 드는 요금은 얼마입니까)?"

כַּמָה תַעֲלֶה הַנְסִיעָה לַיְּם

[kamah ta'aleh hanuhssi'ah layam 카마 타알레 하느씨아 라얌]

* "Call for me at my hotel at 8 o'clock(8시에 내가 머물고 있는 호텔에 나를 데리러 오세요)."

בֹּא לָקַחַת אוֹתִי בַּמָלוֹן שֶׁלִּי בְּשָׁעָה שְׁמֹנֶה (남자에게 말할 때)

[bo lakahat oti bamalon shely besha'ah shemoneh 보 라카하트 오티 바말론 쉘리 베샤아 쉐모네]

* "Please show me all the sights of interest(저에게 흥미있는 관광지를 모두 보여주십시오)."

אֲבַקֵשׁ לְהַרְאוֹת לִי כָּל הַדְּבָרִים הַמְעַנְיְנִים

[abakesh lehar'ot li kol hadbarim hamuh'anyenim 아바케쉬 레하르오트 리 콜 하드바림 하므안예님]

* "I am interested in architecture(나는 건축학에 관심이 있습니다)."

אֲנִי מְעֻנְיֶנֶת בְּאַרְכִיטֶקְטוּרָה (여자가 말할 때)

['ani meunyenet be'arkitekuhturah 아니 메운예네트 베아르키테크투라]

אֲנִי מְעֻנְיָן בְּאַרְכִיטֶקְטוּרָה (남자가 말할 때)

['ani me'unyan be'arkitekturah 아니 메운냔 베아르키테크투라]

◆ "I am interested in painting(나는 그림에 관심이 있습니다)."

אֲנִי מְעֻנְיֶנֶת בְּצִיּוּר (여자가 말할 때)

['ani meunyenet bezziyur 아니 메운예네트 베찌유르]

אֲנִי מְעֻנְיָן בְּצִיּוּר (남자가 말할 때)

['ani me'unyan bezziyur 아니 메운냔 베찌유르]

◆ "I am interested in sculpture(나는 조각에 관심이 있습니다)."

אֲנִי מְעֻנְיֶנֶת בְּפִסּוּל (여자가 말할 때)

['ani me'unyenet bepissul 아니 메운예네트 베피쑬]

אֲנִי מְעֻנְיָן בְּפִסּוּל (남자가 말할 때)

['ani me'unyan bepissul 아니 메운냔 베피쑬]

◆ "Native arts and crafts(향토 예술과 기교들)"

אֳמָנוּת וּמְלֶאכֶת יַד מְקוֹמִית

['omanut umele'ket yad mekomit 오마누트 우멜레케트 야

드 메코미트]

◆ "Archaeology(고고학)"

אַרְכִיאוֹלוֹגְיָה

['arki'ologuhyah 아르키올로그야]

◆ "I would like to visit the park(나는 공원을 구경하러 가고 싶습니다)."

בִּרְצוֹנִי לְבַקֵּר בַּגַּן הַצִּבּוּרִי

[birzzoni lebaker bagan hazziburi 비르쪼니 레바케르 바간 하찌부리]

◆ "I would like to visit the cathedral(나는 대성당을 방문하고 싶습니다)."

בִּרְצוֹנִי לְבַקֵּר הַכְּנֵסִיָּה

[birzzoni lebaker hakuhnessiya 비르쪼니 레바케르 하크네씨야]

◆ "I would like to visit the castle(나는 성을 방문하고 싶습니다)."

בִּרְצוֹנִי לְבַקֵּר הָאַרְמוֹן

[birzzoni lebaker ha'armon 비르쪼니 레바케르 하아르몬]

- "I would like to visit the library(나는 도서관을 방문하고 싶습니다)."

בִּרְצוֹנִי לְבַקֵּר הַסִּפְּרִיָה

[birzzoni lebaker hassipuhriyah 비르쪼니 레바케르 하씨프리야]

- "I would like to visit the monument(나는 유적지를 방문하고 싶습니다)."

בִּרְצוֹנִי לְבַקֵּר הַמַּצֵּבָה

[birzzoni lebaker hamazzebah 비르쪼니 레바케르 하마쩨바]

- "I would like to visit the parliament(나는 국회 의사당을 방문하고 싶습니다)."

בִּרְצוֹנִי לְבַקֵּר הַכְּנֶסֶת

[birzzoni lebaker hakuhnesset 비르쪼니 레바케르 하크네쎄트]

- "When does the museum open(박물관은 언제 문을 엽니까)?"

מָתַי פּוֹתְחִים אֶת בֵּית הַנְכָאת

[matay potuhhim et beyt hanuhkot 마타이 포트힘 에트 베이트 하느코트]

◆ "When does the museum close(박물관은 언제 문을 닫습니까)?"

מָתַי סוֹגְרִים אֶת בֵּית הַנְכאֹת

[matay ssogrim et beyt hanuhkot 마타이 쏘그림 에트 베이트 하느코트]

◆ "Is this the way to the entrance(이곳이 입구로 가는 길입니까)?"

הַאִם זוֹ הִיא הַדֶּרֶךְ לַכְּנִיסָה

[ha'im zo hi' haderek lakuhnissa 하임 조 히 하데레크 라크니싸]

◆ "Is this the way to the exit(이곳이 출구로 가는 길입니까)?"

הַאִם זוֹ הִיא הַדֶּרֶךְ לַיְצִיאָה

[hai'm zo hi' haderek layezzi'ah 하임 조 히 하데레크 라에찌아]

◆ "What is the price of admission(입장료가 얼마입니까)?"

מַה דְּמֵי הַכְּנִיסָה

[mah demey hakuhnissah 마 데메이 하크니싸]

◆ "We would like to stop and see the view for a minute(우리는 멈추어서 잠시동안 경치를 구경하고 싶습니다)."

אֲנַחְנוּ רוֹצִים לַעֲמוֹד לְרֶגַע וְלִרְאוֹת אֶת הַנּוֹף

['anahuhnu rozzim la'amod lerega' veliruh'ot 'et hanop 아나 흐누 로찜 라아모드 레레가 베리르오트 에트 하노프]

◆ "Take us back to the hotel, please(우리를 호텔로 데려다 주십시오)."

הַחֲזֵר אוֹתָנוּ לַמָּלוֹן בְּבַקָּשָׁה (남자에게 말할 때)

[hahazer 'otanu lamalon bebakashah 하하제르 오타누 라말론 베바카샤]

◆ "If we have time, we shall visit the art gallery(만일 우리가 시간이 있으면, 우리는 예술관을 방문할 것입니다)."

אִם יֵשׁ לָנוּ זְמַן נְבַקֵּר בַּמּוּזֵיאוֹן

['im yesh lanu zeman nebaker bamuzey'on 임 예쉬 라누 제만 네바케르 바무제이온]

연주회와 무도회

שַׁעֲשׁוּעִים

샤아슈임

* "I would like to go to a concert(나는 연주회에 가고 싶습니다)."

בִּרְצוֹנִי לְבַקֵּר בְּקוֹנְצֵרְט

[birzzoni lebaker bekonzzert 비르쪼니 레바케르 베콘쩨르트]

* "The ballet(발레)"

הַבָּלֵט [habalet 하발레트]

* "The box office(매표소)"

הַקֻּפָּה [hakupah 하쿠파]

◆ "The movies(영화)"

הַקּוֹלְנוֹעַ [hakolnoa' 하콜노아]

◆ "Folk dances(민속 무용)"

רִקּוּדֵי עַם [rikudey 'am 리쿠데이 암]

◆ "A night club(나이트 클럽)"

מוֹעֲדוֹן לַיְלָה [moadon laylah 모아돈 라일라]

◆ "The opera(오페라)"

הָאוֹפֶּרָה [ha'operah 하오페라]

◆ "The theatre(극장)"

הַתֵּאַטְרוֹן [hate'atron 하테아트론]

◆ "What is playing tonight(오늘밤 무엇이 상영[연주]됩니까)?"

מַה מַּצִּיגִים הָעֶרֶב
[mah mazzigim ha'ereb 마 마찌김 하에레브]

◆ "Is there a matinee performance today(오늘 낮에 연주회가 있습니까)?"

הַאִם יֵשׁ הַצָּגָה יוֹמִית הַיּוֹם
[ha'im yesh hazzagah yomit hayom 하임 예쉬 하짜가 요미

트 하욤]

* "Are there any seats for tonight(오늘밤 몇개의 좌석이 있습니까)?"

הַאִם יֵשׁ מְקוֹמוֹת לְהָעֶרֶב

[ha'im yesh mekomot leha'ereb 하임 예쉬 메코모트 레하에레브]

* "How much is an orchestra seat(오케스트라 좌석은 얼마입니까)?"

כַּמָּה עוֹלֶה מָקוֹם בָּאוּלָם

[kamah 'oleh makom ba'ulam 카마 올레 마콤 바울람]

* "How much is a balcony seat(2층 특별석은 얼마입니까)?"

כַּמָּה עוֹלֶה מָקוֹם בַּיָּצִיעַ

[kamah 'oleh makom bayazzia' 카마 올레 마콤 바야찌아]

* "How much is a box(특등석은 얼마입니까)?"

כַּמָּה עוֹלֶה תָּא מְיוּחָד

[kamah 'oleh ta' meyuhad 카마 올레 타 메유하드]

* "May I have a program(내가 프로그램을 짜도 되겠습니까)?"

הַאוּכַל לְקַבֵּל תָּכְנִית

[ha'ukal lekabel takuhnit 하우칼 레카벨 타크니트]

* "Can I rent opera glasses(내가 오페라 글라스(관극용 작은 쌍안경)
빌릴 수 있습니까)?"

הַאוּכַל לִשְׂכּוֹר מִשְׁקֶפֶת אוֹפֶּרָה

[ha'ukal lisskor mishkepet opera 하우칼 리쓰코르 미쉬케페
트 오페라]

* "Not too near from the stage(무대에서부터 너무 가까이 가지
마라)."

לֹא קָרוֹב מִדַּי מֵהַבָּמָה

[lo' karob miday mehabamah 로 카로브 미다이 메하바마]

* "Not too far from the stage(무대에서부터 너무 멀리 가지마
라)."

לֹא רָחוֹק מִדַּי מֵהַבָּמָה

[lo' rahok miday mehabamah 로 라호크 미다이 메하바마]

* "Will I be able to see well(내가 잘 볼 수 있겠습니까)?"

הַאוּכַל לִרְאוֹת הֵיטֵב

[ha'ukal lir'ot heyteb 하우칼 리르오트 헤이테브]

* "Will I be able to hear well(내가 잘 들을 수 있겠습니까)?"

הָאוּכַל לִשְׁמוֹעַ הֵיטֵב

[ha'ukal lishmoa' heyteb 하우칼 리쉬모아 헤이테브]

◆ "What are you doing tonight(오늘밤 당신은 무엇을 할 것입
니까)?"

מָה אַתְּ עוֹשָׂה הָעֶרֶב (여자에게 말할 때)

[mah 'at ossah ha'ereb 마 아트 오싸 하에레브]

מָה אַתָּה עוֹשֶׂה הָעֶרֶב (남자에게 말할 때)

[mah 'atah osseh ha'ereb 마 아타 오쎄 하에레브]

◆ "When does the evening performance begin(저녁 공연[연주]은
언제 시작됩니까)?"

מָתַי תַּתְחִיל הַצֶּגַת הָעֶרֶב

[matay tatuhhil hazzagat ha'ereb 마타이 타트힐 하짜가트
하에레브]

◆ "How long is the intermission(휴게[휴식]시간은 얼마나 됩니
까)?"

כַּמָּה זְמַן יֵשׁ הַפְּסָקָה

[kamah zeman yesh hapuhssakah 카마 제만 예쉬 하프싸
카]

◆ "The show was funny(그 쇼는 재미있었다)."

הַהַצָּגָה הָיְתָה מְעַנְיֶנֶת

[hahazzagah haytah meanyenet 하하짜가 하이타 메안예네트]

◆ "The show was funny(그 쇼는 재미있었다)."

הַהַצָּגָה הָיְתָה מַצְחִיקָה

[hahazzagah haytah mazzuhhikah 하하짜가 하이타 마쯔히카]

◆ "Where can we go to dance(우리가 춤추기 위해 어디로 가면 됩니까)?"

אֵיפֹה אֶפְשָׁר לָלֶכֶת לִרְקוֹד

['eypoh 'epuhshar laleket lirkod 에이포 에프샤르 라렐케트 리르코드]

◆ "May I have this dance(내가 이 춤을 출 수 있습니까)?"

הַאִם אֶפְשָׁר לְהַזְמִינֵךְ לָרִקוּד הַזֶּה (여자에게 말할 때)

[ha'im epuhshar lehazuhminek larikud hazeh 하임 에프샤르 레하즈미네크 라리쿠드 하제]

◆ "Will you play a fox trot(당신은 폭스트롯을 추시겠습니까)?"

הַאִם תּוּכְלוּ לְנַגֵּן פוֹקְסְטְרוֹט

[ha'im tukuhlu lenagen poksstrot 하임 투클루 레나겐 폭쓰

트로트]

◆ "Will you play a mambo(당신은 맘보춤을 추시겠습니까)?"

הַאִם תּוּכְלוּ לְנַגֵּן מַמְבּוֹ

[ha'im tukuhlu lenagen mambo 하임 투클루 레나겐 맘보]

◆ "Will you play a rumba(당신은 룸바춤을 추시겠습니까)?"

הַאִם תּוּכְלוּ לְנַגֵּן רוּמְבָּה

[ha'im tukuhlu lenagen rumbah 하임 투클루 레나겐 룸바]

◆ "Will you play a samba(당신은 삼바춤을 추시겠습니까)?"

הַאִם תּוּכְלוּ לְנַגֵּן סַמְבָּה

[ha'im tukuhlu lenagen ssambah 하임 투클루 레나겐 쌈바]

◆ "Will you play a tango(당신은 탱고춤을 추시겠습니까)?"

הַאִם תּוּכְלוּ לְנַגֵּן טֶנְגּוֹ

[ha'im tukuhlu lenagen tango 하임 투클루 레나겐 탄고]

◆ "Will you play a waltz(당신은 왈츠춤을 추시겠습니까)?"

הַאִם תּוּכְלוּ לְנַגֵּן וַלְץ

[ha'im tukuhlu lenagen valzz 하임 투클루 레나겐 발쯔]

◆ "The music is excellent(그 음악은 우수합니다)."

הַמּוּזִיקָה מְצוּיֶנֶת

[hamuzikah mezzuyenet 하무지카 메쭈예네트]

스포츠

סְפּוֹרְט

쎄포르트

◆ "Let's go to the beach(바닷가에 갑시다)."

נֵלֵךְ לִשְׂפַת הַיָּם

[nelek lisspat hayam 넬레크 리쓰파트 하얌]

◆ "Let's go to the swimming pool(수영장에 갑시다)."

נֵלֵךְ לַבְּרֵכָה

[nelek labuhrekah 넬레크 라브레카]

◆ "Let's go to the soccer game(축구경기하는 곳에 갑시다)."

נֵלֵךְ לְמִשְׂחַק כַּדּוּרֶגֶל

[nelek lemishak kaduregel 넬레크 레미쓰하크 카두레겔]

◆ "Let's go to the horse races(경마대회에 갑시다)."

נֵלֵךְ לְמֵרוּץ הַסּוּסִים

[nelek lemeruzz hassussim 넬레크 레메루쯔 하쑤씸]

◆ "I 'd like to play tennis(나는 테니스를 치고 싶습니다)."

אֲנִי רוֹצָה לְשַׂחֵק טֶנִיס (여자가 말할 때)

['ani rozza lessahek teniss 아니 로짜 레싸헤크 테니쓰]

אֲנִי רוֹצֶה לְשַׂחֵק טֶנִיס (남자가 말할 때)

['ani rozzeh lessahek teniss 아니 로쩨 레싸헤크 테니쓰]

◆ "I need some golf clubs(나는 몇개의 골프채가 필요합니다)."

יֵשׁ לִי צֹרֶךְ בְּמַקְלוֹת גּוֹלְף

[yesh li zzorek bemaklot golp 예쉬 리 쪼레크 베마클로트 골프]

◆ "I need a tennis racket(나는 테니스 라켓이 필요합니다)."

יֵשׁ לִי צֹרֶךְ רָקֶטָה לְטֶנִיס

[yesh li zzorek raketa leteniss 예쉬 리 쪼레크 라케타 레테니쓰]

◆ "I need some fishing tackle(나는 몇가지 낚시도구가 필요합니다)."

יֵשׁ לִי צֹרֶךְ כְּלֵי דַיִג

[yesh li zzorek keley dayig 예쉬 리 쪼레크 켈레이 다이그]

◆ "Can we go fishing(우리가 낚시하러 갈 수 있습니까)?"

הַאִם נוּכַל לָלֶכֶת לָדוּג

[ha'im nukal laleket ladug 하임 누칼 랄레케트 라두그]

◆ "Can we go horseback riding(우리가 승마타러 갈 수 있습니까)?"

הַאִם נוּכַל לָלֶכֶת לִרְכַּב

[ha'im nukal laleket lirkab 하임 누칼 랄레케트 리르카브]

◆ "Can we go swimming(우리가 수영하러 갈 수 있습니까)?"

הַאִם נוּכַל לָלֶכֶת לִשְׂחוֹת

[ha'im nukal laleket lisshot 하임 누칼 랄레케트 리쓰호트]

쇼핑

קְנִיוֹת

케니요트

♦ "I want to go shopping(나는 쇼핑하러 가고 싶습니다)."

אֲנִי רוֹצָה לַעֲשׂוֹת קְנִיוֹת (여자가 말할 때)

['ani rozzah la'assot keniyot 아니 로짜 라아쇼트 케니요트]

אֲנִי רוֹצֶה לַעֲשׂוֹת קְנִיוֹת (남자가 말할 때)

['ani rozzeh la'assot keniyot 아니 로쩨 라아쇼트 케니요트]

♦ "Please take me to the shopping center(나를 상점가로 데리고

가 주시겠습니까)?"

נָא לָקַחַת אוֹתִי לַחֲנוּיוֹת

[na' lakahat 'oti lahanuyot 나 라카하트 오티 라하누요트]

◆ "May I speak to a salesman(내가 판매원에게 말해도 되겠습니까)?"

הַאוּכַל לְדַבֵּר עִם מוֹכֵר

[ha'ukal ledaber 'im moker 하우칼 레다베르 임 모케르]

◆ "May I speak to a salesgirl(내가 여자 판매원에게 말해도 되겠습니까)?"

הַאוּכַל לְדַבֵּר עִם מוֹכֶרֶת

[ha'ukal ledaber 'im mokeret 하우칼 레다베르 임 모케레트]

◆ "Is there anyone here who speaks English(이곳에 영어를 말할 수 있는 사람 있습니까)?"

הַאִם יֵשׁ פֹּה מִישֶׁהוּ שֶׁמְדַבֵּר אַנְגְלִית

[ha'im yesh poh mishehu shemuhdaber 'anguhlit 하임 예쉬 포 미쉐후 쉐므다베르 안글리트]

◆ "I only want to look around(나는 단지 주위을 살펴보고 싶습니다)."

אֲנִי רַק רוֹצָה לִרְאוֹת (여자가 말할 때)

['ani rak rozzah lir'ot 아니 라크 로짜 리르오트]

אֲנִי רַק רוֹצֶה לִרְאוֹת (남자가 말할 때)

['ani rak rozzeh lir'ot 아니 라크 로쩨 리르오트]

◆ "Sale(세일)"

מְכִירָה [mekirah 메키라]

◆ "How much is it for each piece(그것은 각각 한개 얼마합니까)?"

כַּמָה זֶה עוֹלֶה כָּל אֶחָד

[kamah zeh 'oleh kol 'ehad 카마 제 올레 콜 에하드]

◆ "How much is it per meter(미터당 얼마입니까)?"

כַּמָה זֶה עוֹלֶה כָּל מֶטֶר

[kamah zeh oleh kol meter 카마 제 올레 콜 메테르]

◆ "How much is it all together(모두 얼마입니까)?"

כַּמָה זֶה עוֹלֶה כּוּלָם יַחַד

[kamah zeh 'oleh kulam yahad 카마 제 올레 쿨람 야하드]

◆ "It is too expensive(그것은 가격이 너무 비쌉니다)."

זֶה יָקָר מִדַי

[zeh yakar miday 제 야카르 미다이]

* "Is that the lowest price(저것은 가격이 가장 쌉니까)?"

הַאִם זֶה הוּא הַמְחִיר הַנָמוּךְ בְּיוֹתֵר

[ha'im zeh hu' hamuhhir hanamuk beyoter 하임 제 후 하므 히르 하나무크 베요테르]

* "Is there a discount(할인 됩니까)?"

יֵשׁ הֲנָחָה [yesh hanaha 예쉬 하나하]

* "Is there a guarantee(보증됩니까)?"

יֵשׁ אַחֲרָיוּת

[yesh 'aharayut 예쉬 아하라유트]

* "The price is satisfactory(가격은 만족스럽다)."

הַמְחִיר הוּא בְּסֵדֶר

[hamuhhir hu' besseder 하므히르 후 베쎄데르]

* "I do not like that(나는 그것을 좋아하지 않습니다)."

זֶה לֹא מוֹצֵא חֵן בְּעֵינַי

[zeh lo' mozze' hen beeynay 제 로 모쩨 헨 베에이나이]

* "I prefer something better(나는 더 좋은 것을 선택하겠다)."

אֲנִי רוֹצָה מַשֶׁהוּ יוֹתֵר טוֹב (여자가 말할 때)

['ani rozzah mashehu yoter tob 아니 로짜 마쉐후 요테르 토브]

אֲנִי רוֹצָה מַשֶּׁהוּ יוֹתֵר טוֹב (남자가 말할 때)

['ani rozzeh mashehu yoter tob 아니 로쩨 마쉐후 요테르 토브]

◆ "Cheaper(값이 더 싼)"

יוֹתֵר זוֹל [yoter zol 요테르 졸]

◆ "At a moderate price(적당한 가격에 혹은 싼값에)"

בִּמְחִיר בֵּינוֹנִי

[bimuhhir beynoni 비므히르 베이노니]

◆ "Finer(더 좋은, 혹은 더 훌륭한)"

יוֹתֵר עָדִין [yoter 'adin 요테르 아딘]

◆ "Plainer(더 멋없는, 혹은 더 장식이 없는)"

יוֹתֵר פָּשׁוּט [yoter pashut 요테르 파슈트]

◆ "Softer(더 부드러운 혹은 더 매끈한)"

יוֹתֵר רַךְ [yoter rak 요테르 라크]

◆ "Stronger(더 강한 혹은 더 튼튼한)"

יוֹתֵר חָזָק [yoter hazak 요테르 하자크]

◆ "Looser(더 느슨한)"

יוֹתֵר רָחָב [yoter rahab 요테르 라하브]

◆ "Tighter(더 단단한)"

יוֹתֵר צַר [yoter zzar 요테르 짜르]

◆ "Of medium size(중간 크기의)"

בְּגֹדֶל בֵּינוֹנִי [begodel beynoni 베고델 베이노니]

◆ "Show me some others in a different style(저에게 다른 종류로 된, 다른 것들을 보여주십시오)."

הַרְאִי לִי אֲחֵרִים בְּסִגְנוֹן אַחֵר (여자에게 말할 때)

[har'i li 'aherim bessignon 'aher 하르이 리 아헤림 베씨그논 아헤르]

הַרְאֵה לִי אֲחֵרִים בְּסִגְנוֹן אַחֵר (남자에게 말할 때)

[har'eh li 'aherim bessignon 'aher 하르에 리 아헤림 베씨그논 아헤르]

◆ "May I try this on(내가 이것을 입어보아도 되겠습니까)?"

הַאוּכַל לְנַסּוֹת אֶת זֶה

[ha'ukal lenassot 'et zeh 하우칼 레나쏘트 에트 제]

◆ "Will it fade (그것은 색깔이 바래겠습니까)?"

הַאִם זֶה יִדְהֶה

[ha'im zeh yidheh 하임 제 이드헤]

◆ "Will it shrink(그것은 천이 줄어들겠습니까)?"

הַאִם זֶה יִתְכַּוֵּץ

[ha'im zeh yitkavezz 하임 제 이트카베쯔]

◆ "It is not becoming to me(그것은 나에게 어울리지 않는다)."

זֶה לֹא הוֹלֵם אוֹתִי

[zeh lo' holem 'oti 제 로 홀렘 오티]

◆ "It does not fit me(그것은 나에게 꼭 맞지 않는다)."

זֶה לֹא מַתְאִים לִי

[zeh lo' matuh'im li 제 로 마트임 리]

◆ "May I order one(내가 하나를 주문해도 되겠습니까)?"

הַאוּכַל לְהַזְמִין אֶחָד

[ha'ukal lehazmin 'ehad 하우칼 레하즈민 에하드]

◆ "How long will the alterations take(변경하는데[의복을 고치는 데] 시간이 얼마나 걸리겠습니까)?"

כַּמָה זְמַן יִקְחוּ הַשִּׁנּוּיִים

[kamah zeman yikhu hashinuyiym 카마 제만 이크후 하쉬

누임]

◆ "I shall come back later(내가 나중에 돌아올것이다)."

אֶחֱזוֹר אַחַר כָּךְ

['ehezor 'ahar kak 에헤조르 아하르 카크]

◆ "I shall come back soon(내가 곧 돌아올것이다)."

אֶחֱזוֹר עוֹד מְעַט

['ehezor 'od meat 에헤조르 오드 메아트]

◆ "Please wrap this(이것을 싸주십시요)."

אֲבַקֵשׁ לַעֲטוֹף זֹאת

['abakesh la‘atop zo't 아바케쉬 라아토프 조트]

◆ "I shall take it with me(나는 그것을 입고 가겠습니다)."

אֶקַח אֶת זֶה אִתִּי

['ekah 'et zeh 'iti 에카흐 에트 제 이티]

◆ "Whom do I pay, the cashier(회계원, 내가 누구에게 돈을 지불해야 합니까)?"

לְמִי עָלַי לְשַׁלֵם לַקוּפַּאי

[lemi 'alay leshalem lakupa'i 레미 알라이 레샬렘 라쿠파이]

◆ "Can it be delievered to my hotel(나의 호텔로 배달이 가능합

니까)?”

הַאִם אֶפְשָׁר לִשְׁלוֹחַ לִי זֹאת לַמָּלוֹן

[ha'im epuhshar lishloah li zo't lamalon 하임 에프샤르 리쉬

로아흐 리 조트 라말론]

* “It is fragile(그것은 깨어지기 쉽다).”

זֶה שָׁבִיר [zeh shabir 제 샤비르]

* “Pack it for export(수출하기 위해 그것을 포장하라).”

אֲבַקֵשׁ לֶאֱרוֹז אֶת זֶה בִּשְׁבִיל אֶקְסְפּוֹרְט

['abakesh le'eroz 'et zeh bishbil 'ekssport 아바케쉬 레에로

즈 에트 제 비쉬빌 에크쓰포르트]

* “Ship it by freight to philadelphia(그것을 화물운송편으로 필

라델피아까지 배로 보내라).”

תִּשְׁלְחוּ זֹאת כִּסְחוֹרָה לְפִילַדֶלְפִיָה

[tishluhho zo't kisshorah lepiladelpuhyah 티쉬르호 조트 키

쓰호라 레필라델프야]

* “Please give me a bill(저에게 계산서를 주십시오).”

אֲבַקֵשׁ חֶשְׁבּוֹן

['abakesh heshbon 아바케쉬 헤쉬본]

◆ "Please give me a receipt or sales slip(저에게 영수증 혹은 매

출전표를 주십시오)."

אֲבַקֵשׁ קַבָּלָה ['abakesh kabalah 아바케쉬 카발라]

◆ "I shall pay when it is delievered(배달되었을 때 내가 돈을 지

불 하겠습니다)."

אֲשַׁלֵם כְּשֶׁזֶּה יִתְקַבֵּל

['ashalem keshezeh yitkabel 아샬렘 케쉐제 이트카벨]

◆ "Are there any other charges(다른 청구금액이 있습니까)?"

הַאִם יֵשׁ עוֹד תַּשְׁלוּמִים אֲחֵרִים

[ha'im yesh 'od tashlumim 'aherim 하임 예쉬 오드 타쉬루

밈 아헤림]

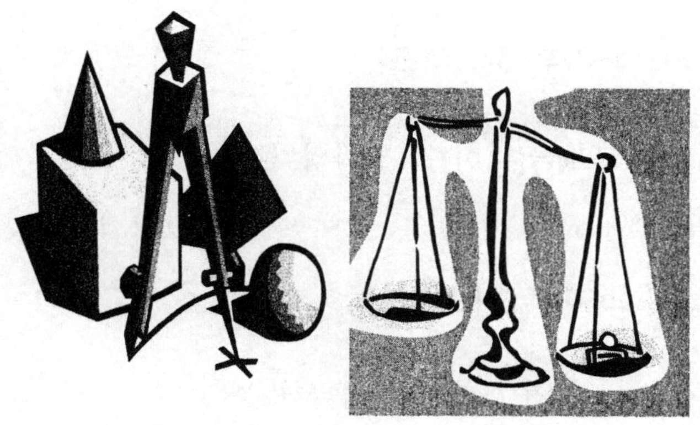

크기

הַמִּדוֹת

하미도트

- "Please take my measurments(저의 치수를 재어주십시요)."

נָא לָקַחַת אֶת הַמִּדוֹת שֶׁלִי

[na' lakahat 'et hamidot sheli 나 라카하트 에트 하미도트 쉘리]

- "What is the size(사이즈[크기]가 얼마입니까)?"

מַהוּ הַגֹדֶל

[mahu hagodel 마후 하고델]

- "What is the length(길이[키]가 얼마입니까)?"

מַהוּ הָאֹרֶךְ

[mahu hao'rek 마후 하오레크]

◆ "What is the width(폭[너비]이 얼마입니까)?"

מַהוּ הָרֹחַב

[mahu harohab 마후 하로하브]

◆ "What is the weight(무게가 얼마입니까)?"

מַהוּ הַמִּשְׁקָל

[mahu hamishkal 마후 하미쉬칼]

◆ "It is 7 meters long by 4 meters wide(치수는 길이 7미터와 너비[폭] 4미터이다)."

זֶה שִׁבְעָה מֶטֶר אֹרֶךְ אַרְבָּעָה מֶטֶר רֹחַב

[zeh shib'ah meter 'orek 'arba'ah meter rohab 제 쉬브아 메테르 오레크 아르바아 메테르 로하브]

◆ "small(작은)"

קָטָן [katan 카탄]

◆ "smaller(더 작은)"

יוֹתֵר קָטָן [yoter katan 요테르 카탄]

◆ "large(큰)"

נָדוֹל [gadol 가돌]

- ◆ "high(높은)"

נָבוֹהַ [gaboha 가보하]

- ◆ "low (낮은)"

נָמוּךְ [namuk 나무크]

- ◆ "long (긴)"

אָרוֹךְ ['arok 아로크]

- ◆ "short (짧은)"

קָצָר [kazzar 카짜르]

- ◆ "thin (얇은 혹은 가는)"

דַּק [dak 다크]

- ◆ "thick (두꺼운 혹은 굵은)"

עָבֶה [abeh 아베]

- ◆ "narrow(좁은)

צַר [zzar 짜르]

- ◆ "wide(넓은)"

רָחָב [rahab 라하브]

◆ "old(오래된)"

יָשָׁן [yashan 야샨]

◆ "new(새로운)"

חָדָשׁ [hadash 하다쉬]

색깔

צְבָעִים

쩨바임

* "I want something lighter(나는 더 밝은 것[색] 을 좋아합니다 [원합니다])."

אֲבַקֵשׁ מַשֶׁהוּ יוֹתֵר בָּהִיר

['abakesh mashehu yoter bahir 아바케쉬 마쉐후 요테르 바 히르]

* "I want something darker(나는 더 어두운 것[색]을 좋아합니 다[원합니다])."

אֲבַקֵשׁ מַשֶׁהוּ יוֹתֵר כֵּהֶה

['abakesh mashehu yoter keheh 아바케쉬 마쉐후 요테르

케헤]

◆ "color(색깔)"

צֶבַע

[zzeba' 쩨바]

◆ "black(검정색)"

שָׁחוֹר

[shahor 샤호르]

◆ "blue(푸른색)"

כָּחוֹל [kahol 카홀]

◆ "brown(갈색)"

חוּם [hum 훔]

◆ "cream(크림색 혹은 담황색)"

קֶרֶם [kerem 케렘]

◆ "gray(회색)"

אָפוֹר ['apor 아포르]

◆ "green(녹색)"

יָרוֹק [yarok 야로크]

* "orange(오렌지 색)"

  כָּתֹם [katom 카톰]

* "pink(분홍색)"

  וָרֹד [varod 바로드]

* "purple(자주색)"

  אַרְגָּמָן ['argaman 아르가만]

* "red(빨강색 혹은 적색)"

  אָדֹם [adom 아돔]

* "white(흰색)"

  לָבָן [laban 라반]

* "yellow(노랑색)"

  צָהֹוב [zzahob 짜호브]

제9부
공공기관과 상점

공공표지판

מוֹדָעוֹת צִבּוּרִיּוֹת

모다오트 찌부리요트

- ◆ "No admittance(입장금지)."

  אֵין כְּנִיסָה ['eyn kenissah 에인 케니싸]

- ◆ "No trespassing(출입금지)."

  אֵין מַעֲבָר ['eyn ma 'abar 에인 마아바르]

- ◆ "Push(미세요)."

  דְחוֹף [dehop 데호프]

- ◆ "Vacant(비어있는)"

פָּנוּי [panuy 파누이]

◆ "Exit(출구)"

יְצִיאָה [yezzi'ah 예찌아]

◆ "Entrance(입구)"

כְּנִיסָה

[kenissah 케니싸]

◆ "Come in(들어오세요)."

יָבוֹא [yabo' 야보]

or הִכָּנֵס [hikaness 히카네쓰]

◆ "No spitting(침 뱉음 금지)"

לֹא לִירוֹק [lo' lirok 로 리로크]

◆ "No smoking(흡연금지)"

לֹא לְעַשֵׁן [lo' le'ashen 로 레아쉔]

◆ "Pull(당기세요)."

מְשׁוֹךְ [meshok 메쇼크]

◆ "Push(미세요)"

דְּחֹף [dehop 데호프]

- "Closed(휴업)"

  סָגוּר [ssagur 싸구르]

- "Open(개점)"

  פָּתוּחַ [patuah 파투아흐]

- "Danger(위험)"

  סַכָּנָה [ssakanah 싸카나]

- "Ring(경보음)"

  צַלְצֵל [zzalzzel 짤쩰]

- "For rent(임대[차용]용의)"

  לְהַשְׂכִּיר [lehasskir 레하쓰키르]

은행과 돈

בַּנק וָכֶסֶף

반크 베케쎄프

* "Where is the nearest bank(가장 가까운 은행이 어디에 있습니까)?"

אֵיפֹה הַבַּנק הַקָרוֹב בְּיוֹתֵר

[eypoh habank hakarob beyoter 에이포 하반크 하카로브 베요테르]

* "At which window can I cash this(어느 창구에서 내가 이것을

현금으로 바꿀 수 있습니까)?"

בְּאֵיזֶה חַלוֹן אֲקַבֵּל זֶה

[be'eyzeh halon 'akabel zeh 베에이제 하론 아카벨 제]

* "Will you cash a check(당신은 수표를 현금으로 바꾸시겠습니까)?"

הִתְפָּרְטוּ הַמְחָאָה

[hatipuhrtu hamha'ah 하티프르투 함하아]

* "I have traveler's checks(나는 여행자 수표를 가지고 있습니다)."

יֵשׁ לִי הַמְחָאוֹת תַּיָּרִים

[yesh li hamha'ot tayarim 예쉬 리 함하오트 타야림]

* "I have a bank draft(나는 은행 어음을 가지고 있습니다)."

יֵשׁ לִי הַמְחָאַת בַּנְק

[yesh li hamha'at bank 예쉬 리 함하아트 반크]

* "I have a letter of credit(나는 신용장을 가지고 있습니다)."

יֵשׁ לִי אִגֶּרֶת אַשְׁרַאי

[yesh li 'igeret 'ashra'y 예쉬 리 이게레트 아쉬라이]

* "What is the exchange rate on the dollar (달러의 외환시세[환

율]가 얼마입니까)?"

מַהוּ שַׁעַר הַחֲלִיפִין שֶׁל הַדוֹלָר

[mahu sha'ar hahalipin shel hadolar 마후 샤아르 하할리핀 쉘 하돌라르]

* "May I have thirty dollars' worth of pounds(내가 파운드의 30 달러 가치를 가져도 되겠습니까)?"

הַאוּכַל לְקַבֵּל לִירוֹת בְּעֶרֶךְ שֶׁל שְׁלוֹשִׁים דוֹלָר

[ha'ukal lekabel lirot be'erek shel shloshim dolar 하우칼 레카벨 리로트 베에레크 쉘 쉴로쉼 돌라르]

* "Please change this for some large bills(이것을 다량의 지폐로 바꾸어 주십시오)."

אֲבַקֵשׁ לְהַחֲלִיף זֹאת לִשְׁטָרוֹת גְּדוֹלִים

['abakesh lehahalip zo't lishtarot gedolim 아바케쉬 레하할 리프 조트 리쉬타로트 게돌림]

* "Please change this for some small bills(이것을 소량의 지폐로 바꾸어 주십시오)."

אֲבַקֵשׁ לְהַחֲלִיף זֹאת לִשְׁטָרוֹת קְטַנִּים

['abakesh lehahalip zo't lishtarot ketanim 아바케쉬 레하할 리프 조트 리쉬타로트 케타님]

◆ "Please change this for some small change(이것을 잔돈으로 바
꾸어 주십시오)."

אֲבַקֵשׁ לְהַחֲלִיף זֹאת לְכֶסֶף קָטָן

['abakesh lehahalip zo't lekessep katan 아바케쉬 레하할리
프 조트 레케쎄프 카탄]

◆ "I want to send fifty dollars to the U.S(나는 50달러를 미국으로
송금하고 싶습니다)."

אֲבַקֵשׁ לִשְׁלוֹחַ חֲמִשִּׁים דוֹלָר לְאַרְצוֹת הַבְּרִית

['abakesh lishloah hamishim dolar le'arzzot habuhrit 아바케
쉬 리쉴로아 하미쉼 돌라르 레아르쪼트 하브리트]

종교적인 예배(의식)

עִנְיְנֵי דָת

인예네이 다트

◆ "What time is the service(몇시에 예배가 있습니까)?"

מָתַי הוּא זְמַן הַתְּפִילָה

[matay hu' zeman hatuhpilah 마타이 후 제만 하트필라]

◆ "A Catholic Church(카톨릭 교회)"

כְּנֵסִיָּה קָתּוֹלִית

[kenessiyah katolit 케네씨야 카톨리트]

◆ "A Protestant Church(신교도 교회)"

כְּנֵסִיָּה פְּרוֹטֶסְטַנְטִית

[kenessiyah perotesstantit 케네씨야 페로테쓰탄티트]

◆ "A synagogue(유대교회)"

בֵּית כְּנֶסֶת

[beyt kenesset 베이트 케네쎄트]

◆ "Is there an English-speaking rabbi(영어를 할 수 있는 랍비가 있습니까)?"

הַאִם יֵשׁ רַב הַדּוֹבֵר אַנְגְּלִית

[ha'im yesh rab hadober anglit 하임 예쉬 라브 하도베르 안글리트]

◆ "Is there an English-speaking minister[priest](영어를 할 수 있는 성직자가 있습니까)?"

הַאִם יֵשׁ כֹּמֶר הַדּוֹבֵר אַנְגְּלִית

[ha'im yesh komer hadober anglit 하임 예쉬 코메르 하도베르 안글리트]

상점

חֲנוּיוֹת

하누요트

* "Where do I find an antique shop(내가 어디에서 골동품 가게를 찾을 수 있습니까)?"

אֵיפֹה אֶמְצָא חֲנוּת עַתִּיקוֹת

['eypoh emzza' hanut 'atikot 에이포 엠짜 하누트 아티코트]

* "Where do I find a bakery(내가 어디에서 제과점[빵집]을 찾을 수 있습니까)?"

אֵיפֹה אֶמְצָא מַאֲפִיָּה

['eypoh emzza' ma'apiyah 에이포 엠짜 마아피야]

* "Where do I find a book shop(내가 어디에서 서점을 찾을 수 있습니까)?"

אֵיפֹה אֶמְצָא חֲנוּת סְפָרִים

['eypoh 'emzza' hanut sseparim 에이포 엠짜 하누트 쎄파림]

◆ "Where do I find a butcher or meat market(내가 어디에서 정육점을 찾을 수 있습니까)?"

אֵיפֹה אֶמְצָא קַצָּב

['eypoh 'emzza' kazzab 에이포 엠짜 카짜브]

◆ "Where do I find a candy store(내가 어디에서 과자점을 찾을 수 있습니까)?"

אֵיפֹה אֶמְצָא חֲנוּת מַמְתַקִּים

['eypoh 'emzza' hanut mamtakim 에이포 엠짜 하누트 맘타킴]

◆ "Where do I find a cigar store(내가 어디에서 담배가게를 찾을 수 있습니까)?"

אֵיפֹה אֶמְצָא חֲנוּת סִיגַרִיּוֹת

['eypoh 'emzza' hanut ssigariyot 에이포 엠짜 하누트 씨가리요트]

◆ "Where do I find a clothing store(내가 어디에서 의류점을 찾을 수 있습니까)?"

אֵיפֹה אֶמְצָא חֲנוּת הַלְבָּשָׁה

['eypoh 'emzza' hanut halbashah 에이포 엠짜 하누트 할바샤]

* "Where do I find a department store or five and dime store(내가 어디에서 백화점[싸구려 잡화점]을 찾을 수 있습니까)?"

אֵיפֹה אֶמְצָא חֲנוּת כָּל־בּוֹ

['eypoh 'emzza' hanut kol-bo 에이포 엠짜 하누트 콜 보]

* "Where do I find a dressmaker(내가 어디에서 양장점을 찾을 수 있습니까)?"

אֵיפֹה אֶמְצָא תּוֹפֶרֶת

['eypoh 'emzza' toperet 에이포 엠짜 토페레트]

* "Where do I find a drug store or pharmacy(내가 어디에서 약국을 찾을 수 있습니까)?"

אֵיפֹה אֶמְצָא בֵּית מִרְקַחַת

['eypoh 'emzza' beyt mirkahat 에이포 엠짜 베이트 미르카하트]

* "Where do I find a dry goods store or haberdashery(내가 어디에

서 포목점[1]을 찾을 수 있습니까)?"

אֵיפֹה אֶמְצָא גַּלַנְטֶרְיָה

['eypoh 'emzza' galanterya 에이포 엠짜 갈란테르야]

* "Where do I find a florist(내가 어디에서 꽃가게를 찾을 수

있습니까)?"

אֵיפֹה אֶמְצָא חֲנוּת פְּרָחִים

['eypoh 'emzza' hanut perahim 에이포 엠짜 하누트 페라

힘]

* "Where do I find a fruit and vegetable store(내가 어디에서 과

일과 채소가게를 찾을 수 있습니까)?"

אֵיפֹה אֶמְצָא חֲנוּת לִירָקוֹת וּפֵירוֹת

['eypoh 'emzza' hanut liyrakot upeyrot 에이포 엠짜 하누트

리라코트 우페이로트]

* "Where do I find a grocery(내가 어디에서 식품점을 찾을 수

있습니까)?"

אֵיפֹה אֶמְצָא חֲנוּת מַכֹּלֶת

['eypoh 'emzza' hanut makolet 에이포 엠짜 하누트 마콜레

---

[1] 잡화상점: 끈, 실, 바늘, 단추, 레이스 등을 파는 곳.

트]

◆ "Where do I find a hardware store(내가 어디에서 철물점을 찾
을 수 있습니까)?"

אֵיפֹה אֶמְצָא חֲנוּת כְּלֵי בַּיִת

['eypoh 'emzza' hanut keley bayit 에이포 엠짜 하누트 켈레
이 바이트]

◆ "Where do I find a hat shop or milliner(내가 어디에서 모자점
혹은 여성모자 상인을 찾을 수 있습니까)?"

אֵיפֹה אֶמְצָא חֲנוּת כּוֹבָעִים

['eypoh 'emzza' hanut koba'im 에이포 엠짜 하누트 코바임]

◆ "Where do I find a jewelry store or jeweler(내가 어디에서 보석
가게 혹은 보석상인을 찾을 수 있습니까)?"

אֵיפֹה אֶמְצָא מַאֲפִיָּה

['eypoh 'emzza' ma'apiyah 에이포 엠짜 마아피야]

◆ "Where do I find a liquor store(내가 어디에서 주류점을 찾을
수 있습니까)?"

אֵיפֹה אֶמְצָא חֲנוּת לְמַשְׁקָאוֹת חֲרִיפִים

['eypoh 'emzza' hanut lemashka'ot haripim 에이포 엠짜 하
누트 레마쉬카오트 하리핌]

◆ "Where do I find a market(내가 어디에서 시장을 찾을 수 있습니까)?"

אֵיפֹה אֶמְצָא שׁוּק

['eypoh 'emzza' shuk 에이포 엠짜 슈크]

◆ "Where do I find a music shop(내가 어디에서 음악전문점을 찾을 수 있습니까)?"

אֵיפֹה אֶמְצָא חֲנוּת לִכְלֵי נְגִינָה

['eypoh 'emzza' hanut likuhley neginah 에이포 엠짜 하누트 리클레이 네기나]

◆ "Where do I find a shoemaker(내가 어디에서 구두방을 찾을 수 있습니까)?"

אֵיפֹה אֶמְצָא סַנְדְלָר

['eypoh 'emzza' ssanduhlar 에이포 엠짜 싼들라르]

◆ "Where do I find a shoe repair shop(내가 어디에서 구두수선점을 찾을 수 있습니까)?"

אֵיפֹה אֶמְצָא סַנְדְלָרִיָּה

['eypoh 'emzza' ssanduhlariyah 에이포 엠짜 싼들라리야]

◆ "Where do I find a shoe store(내가 어디에서 신발가게를 찾을 수 있습니까)?"

אֵיפֹה אֶמְצָא חֲנוּת נַעֲלַיִם

['eypoh 'emzza' hanut na'alayim 에이포 엠짜 하누트 나알라임]

◆ "Where do I find a tailor(내가 어디에서 양복점을 찾을 수 있습니까)?"

אֵיפֹה אֶמְצָא חַיָּט

['eypoh 'emzza' hayat 에이포 엠짜 하야트]

◆ "Where do I find a toy shop(내가 어디에서 장난감 가게를 찾을 수 있습니까)?"

אֵיפֹה אֶמְצָא חֲנוּת צַעֲצוּעִים

['eypoh 'emzza' hanut zza'azzu'im 에이포 엠짜 하누트 짜아쭈임]

◆ "Where do I find a watchmaker(내가 어디에서 시계상[시계제조 수리인]을 찾을 수 있습니까)?"

אֵיפֹה אֶמְצָא שָׁעָן

['eypoh 'emzza' shaan 에이포 엠짜 샤안]

담배가게

חֲנוּת סִיגָרִיּוֹת

하누트 씨가리요트

- "Is the cigar store open(담배가게 문 열었습니까)?"

הַאִם חֲנוּת הַסִיגָרִיּוֹת פְּתוּחָה

[ha'im hanut hassigariyot petuhah 하임 하누트 하씨가리요트 페투하]

- "I want to buy some cigars(나는 담배 몇개를 사고 싶습니다)."

אֲנִי רוֹצָה לִקְנוֹת כַּמָּה סִיגָרוֹת (여자가 말할 때)

['ani rozzah liknot kamah ssigarot 아니 로짜 리크노트 카마

씨가로트]

אֲנִי רוֹצֶה לִקְנוֹת כַּמָּה סִיגָרוֹת (남자가 말할 때)

['ani rozzeh liknot kamah ssigarot 아니 로쩨 리크노트 카마

씨가로트]

◆ "a pack of American cigarettes(미국산 담배 한갑)"

קוּפְסַת סִיגָרִיּוֹת אֲמֶרִיקָאִיּוֹת

[kupuhssat ssigariyot 'amerika'iyot 쿠프싸트 씨가리요트 아

메리카이요트]

◆ "a cigarette case(담배갑 혹은 담배케이스)"

נַרְתִּיק לְסִיגָרִיּוֹת

[nartik lessigariyot 나르티크 레씨가리요트]

◆ "a pipe(파이프)"

מִקְטֶרֶת [mikteret 미크테레트]

◆ "pipe tobacco(담배 파이프)"

טַבַּק לְמִקְטֶרֶת [tabak lemikteret 타바크 레미크테레트]

◆ "a lighter(라이터)"

מַצִּית [mazziyt 마찌이트]

◆ "lighter fluid(라이트 기름[연료])"

הֶלֶק לְמַצִּית [delek lemazzit 델레크 레마찌트]

◆ "a flint(라이터 돌)"

אֶבֶן אֵשׁ [eben esh 에벤 에쉬]

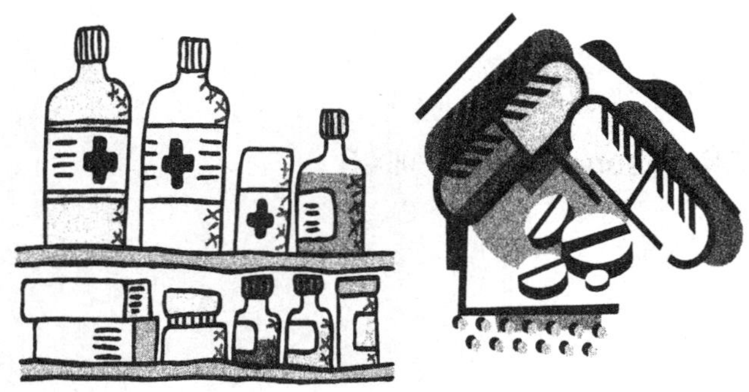

드럭스토어[1]

בֵּית מִרְקַחַת

베이트 미르카하트

* "Where is there a drugstore where they understand English(영어를 할줄 아는 사람들이 있는 약국이 어디에 있습니까)?"

אֵיפֹה יֵשׁ בֵּית מִרְקַחַת בּוֹ מְבִינִים אַנְגְּלִית

['eypoh yesh beyt mirkahat bo mebinim 'anglit 에이포 예쉬 베이트 미르카하트 보 메비님 안글리트]

* "Can you fill this prescription immediately(당신은 이 처방약을 곧 조제할 수 있습니까)?"

---

[1] 약 이외에 화장품, 문구류, 치약, 담배, 신문, 잡지, 과자 등을 파는 곳

הַאִם אֶפְשָׁר לְהָכִין אֶת פֶּתֶק הָרְפוּאָה הַזֶּה תֵּיכֶף

[ha'im epuhshar lehakin 'et petek harpu'ah hazeh teykep 하
임 에프샤르 레하킨 에트 페테크 하르푸아 하제 테이케프]

* "Do you have adhesive tape(당신들은 접착 테이프[반창고]를
가지고 있습니까)?"

יֵשׁ לָכֶם סֶרֶט דּוֹבֵק

[yesh lakem sseret dobek 예쉬 라켐 쎄레트 도베크]

* "Do you have alchol(당신들은 알코올을 가지고 있습니까)?"

יֵשׁ לָכֶם אַלְכּוֹהוֹל

[yesh lakem 'alkohol 예쉬 라켐 알코홀]

* "Do you have antiseptic(당신들은 방부제를 가지고 있습니
까)?"

יֵשׁ לָכֶם אַנְטִיסֶפְּטִיק

[yesh lakem antissepuhtik 예쉬 라켐 안티쎄프티크]

* "Do you have aspirin(당신들은 아스피린을 가지고 있습니
까)?"

יֵשׁ לָכֶם אַסְפִּירִין

[yesh lakem asspirin 예쉬 라켐 아쓰피린]

◆ "Do you have bandages(당신들은 붕대를 가지고 있습니까)?"

יֵשׁ לָכֶם תַּחְבּוֹשׁוֹת

[yesh lakem tahuhboshot 예쉬 라켐 타흐보쇼트]

◆ "Do you have bicarbonate of soda(당신들은 중탄산소다를 가지고 있습니까)?"

יֵשׁ לָכֶם אַבְקַת סוֹדָה

[yesh lakem 'abkat ssodah 예쉬 라켐 아브카트 쏘다]

◆ "Do you have boric acid(당신들은 붕산을 가지고 있습니까)?"

יֵשׁ לָכֶם מֵי בּוֹרִית

[yesh lakem mey borit 예쉬 라켐 메이 보리트]

◆ "Do you have a jar of cold cream(당신들은 한 병의 콜드크림을 가지고 있습니까)?"

יֵשׁ לָכֶם צִנְצֶנֶת מִשְׁחַת פָּנִים

[yesh lakem zzinzzenet mishat panim 예쉬 라켐 찐쩨네트 미쉬하트 파님]

◆ "Do you have a comb(당신들을 빗을 가지고 있습니까)?"

יֵשׁ לָכֶם מַסְרֵק

[yesh lakem massrek 예쉬 라켐 마쓰레크]

◆ "Do you have corn pads(당신들은 옥수수 혹은 곡물 베개/티눈 패드를 가지고 있습니까)?"

יֵשׁ לָכֶם מַדְבֵּקוֹת לְיַבָּלוֹת

[yesh lakem madbekot leyabalot 예쉬 라켐 마드베코트 레야발로트]

◆ "Do you have a deodorant(당신들은 방취제를 가지고 있습니까)?"

יֵשׁ לָכֶם מוֹנֵעַ רֵיחַ

[yesh lakem monea' reyah 예쉬 라켐 모네아 레이아흐]

◆ "Do you have a depilatory(당신들은 탈모제를 가지고 있습니까)?"

יֵשׁ לָכֶם מֵסִיר שֵׂעָר

[yesh lakem messir sse'ar 예쉬 라켐 메씨르 쎄아르]

◆ "Do you have ear stoppers(당신들은 귀마개들을 가지고 있습니까)?"

יֵשׁ לָכֶם סוֹתְמֵי אָזְנַיִם

[yesh lakem ssotmey aznayim 예쉬 라켐 쏘트메이 아즈나임]

◆ "Do you have an eye -cup or eye-bath(당신들은 세안용(洗眼

用) 컵을 가지고 있습니까)?"

יֵשׁ לָכֶם אַמְבַּטְיַת עַיִן

[yesh lakem ambatuhyat 'ain 예쉬 라켐 암바트야트 아인]

* "Do you have a box of face tissues(당신들은 화장지 한 박스를 가지고 있습니까)?"

יֵשׁ לָכֶם קוּפְסַת מַגְּבוֹת נְיָר לַפָּנִים

[yesh lakem kupssat magabot neyar lapanim 예쉬 라켐 쿠프싸트 마가보트 네야르 라파님]

* "Do you have gauze(당신들은 가제를 가지고 있습니까)?"

יֵשׁ לָכֶם גַּזָה

[yesh lakem gazah 예쉬 라켐 가자]

* "Do you have hand lotion(당신들은 손에 바르는 로션을 가지고 있습니까)?"

יֵשׁ לָכֶם מִשְׁחַת יָדַיִם

[yesh lakem mishhat yadayim 예쉬 라켐 미쉬하트 야다임]

* "Do you have a hairbrush(당신들은 머리 솔을 가지고 있습니까)?"

יֵשׁ לָכֶם מִבְרֶשֶׁת שֵׂעָר

[yesh lakem mibreshet sse'ar 예쉬 라켐 미브레쉐트 쎄아

르]

* "Do you have hairpins(당신들은 머리핀들을 가지고 있습니까)?"

יֵשׁ לָכֶם סִכּוֹת רֹאשׁ

[yesh lakem ssikot ro'sh 예쉬 라켐 씨코트 로쉬]

* "Do you have a hot water bottle(당신들은 보온병[혹은 각파(脚婆), 탕파(湯婆)]을 가지고 있습니까)?"

יֵשׁ לָכֶם בַּקְבּוּק חַם

[yesh lakem bakuhbuk ham 예쉬 라켐 바크부크 함]

* "Do you have an ice bag(당신들은 얼음 주머니를 가지고 있습니까)?"

יֵשׁ לָכֶם שַׂקִּית קֶרַח

[yesh lakem ssakit kerah 예쉬 라켐 싸키트 케라흐]

* "Do you have insect repellent(당신들은 방충제를 가지고 있습니까)?"

יֵשׁ לָכֶם מִשְׁחָה נֶגֶד יִתּוּשִׁים

[yesh lakem mishah neged yitushim 예쉬 라켐 미쉬하 네게드 이투쉼]

◆ “Do you have iodine(당신들은 요오드 혹은 요오드 팅크를 가지고 있습니까)?”

יֵשׁ לָכֶם יוֹד

[yesh lakem yod 예쉬 라켐 요드]

◆ “Do you have a laxative(당신들은 설사약을 가지고 있습니까)?”

יֵשׁ לָכֶם רְפוּאָה מְשַׁלְשֶׁלֶת

[yesh lakem repu'ah meshalshelet 예쉬 라켐 레푸아 메샬쉘레트]

◆ “Do you have a lipstick(당신들은 립스틱을 가지고 있습니까)?”

יֵשׁ לָכֶם אֹדֶם שְׂפָתַיִם

[yesh lakem 'odem ssepatayim 예쉬 라켐 오뎀 쎄파타임]

◆ “Do you have a medicine dropper(당신들은 방충제를 가지고 있습니까)?”

יֵשׁ לָכֶם מְטַפְטֵף

[yesh lakem metapuhtep 예쉬 라켐 메타프테프]

◆ “Do you have a mouthwash(당신들은 양치질약[구강세제]을 가지고 있습니까)?

יֵשׁ לָכֶם מֵי פֶּה

[yesh lakem mey peh 예쉬 라켐 메이 페]

◆ "Do you have a nail file(당신들은 손톱다듬는 가는 줄을 가지고 있습니까)?"

יֵשׁ לָכֶם מַבְרֵד צִפָּרְנַיִם

[yesh lakem mabuhred zziparnaim 예쉬 라켐 마브레드 찌파르나임]

◆ "Do you have nailpolish(당신들은 매니큐어액을 가지고 있습니까)?"

יֵשׁ לָכֶם לַק לַצִּפָּרְנַיִם

[yesh lakem lak lazziparnaim 예쉬 라켐 라크 라찌파르나임]

◆ "Do you have nailpolish remover(당신들은 매니큐어액 제거제를 가지고 있습니까)?"

יֵשׁ לָכֶם אַצֵטוֹן

[yesh lakem 'azzeton 예쉬 라켐 아쩨톤]

◆ "Do you have hydrogen peroxide(당신들은 과산화수소를 가지고 있습니까)?"

יֵשׁ לָכֶם מֵי פֶּרוֹקְסִיד

[yesh lakem mey perokuhssid 예쉬 라켐 메이 페로크씨드]

◆ "Do you have face powder(당신들은 화장분을 가지고 있습니까)?"

יֵשׁ לָכֶם אַבְקַת פָּנִים

[yesh lakem 'abuhkat panim 예쉬 라켐 아브카트 파님]

or יֵשׁ לָכֶם פּוּדְרָה

[yesh lakem pudra 예쉬 라켐 푸드라]

◆ "Do you have talcum powder(당신들은 화장용 분[탤컴 파우더]을 가지고 있습니까)?"

יֵשׁ לָכֶם אַבְקַת טַלְק

[yesh lakem abkat talk 예쉬 라켐 아브카트 탈크]

◆ "Do you have a razor(당신들은 면도기[면도칼]를 가지고 있습니까)?"

יֵשׁ לָכֶם תַּעַר

[yesh lakem ta'ar 예쉬 라켐 타아르]

◆ "Do you have a package of razor blades(당신들은 면도날 한 통을 가지고 있습니까)?"

יֵשׁ לָכֶם חֲבִילַת סַכִּינֵי גִּלּוּחַ

[yesh lakem habilat ssakiney giluah 예쉬 라켐 하빌라트 싸

키네이 길루아흐]

* "Do you have rouge(당신들은 루즈[연지]를 가지고 있습니까)?"

יֵשׁ לָכֶם אֹדֶם לְחָיַיִם

[yesh lakem 'odem lehayayim 예쉬 라켐 오뎀 레하야임]

* "Do you have safety pins(당신들은 안전핀들을 가지고 있습니까)?"

יֵשׁ לָכֶם סִכּוֹת בִּטָחוֹן

[yesh lakem ssikot bitahon 예쉬 라켐 씨코트 비타혼]

* "Do you have sanitary napkins(당신들은 생리대[생리용 냅킨]를 가지고 있습니까)?"

יֵשׁ לָכֶם תַּחְבּשׁוֹת נָשִׁים

[yesh lakem tahuhboshot nashim 예쉬 라켐 타흐보쇼트 나쉼]

* "Do you have a sedative(당신들은 진정제를 가지고 있습니까)?"

יֵשׁ לָכֶם רְפוּאָה מַרְגַּעַת

[yesh lakem repuah marga'at 예쉬 라켐 레푸아 마르가아트]

◆ "Do you have shampoo(당신들은 샴푸를 가지고 있습니까)?"

יֵשׁ לָכֶם שַׁמְפּוֹן

[yesh lakem shampon 예쉬 라켐 샴폰]

◆ "Do you have shaving cream(당신들은 면도용 크림을 가지고 있습니까)?"

יֵשׁ לָכֶם סַבּוֹן גִּלּוּחַ

[yesh lakem ssabon giluah 예쉬 라켐 싸본 길루아흐]

◆ "Do you have shaving lotion(당신들은 면도용 로숀을 가지고 있습니까)?"

יֵשׁ לָכֶם מִשְׁחַת גִּלּוּחַ

[yesh lakem mishat giluah 예쉬 라켐 미쉬하트 길루아흐]

◆ "Do you have smelling salts(당신들은 코로 맡아서 정신이 들게하는 약[1]을 가지고 있습니까)?"

יֵשׁ לָכֶם מִלְחֵי רֵיחַ

[yesh lakem milhey reyah 예쉬 라켐 밀헤이 레이아흐]

◆ "Do you have a bar of soap(당신들은 막대 비누를 가지고 있습니까)?"

---

[1] 탄산 암모니아를 주재료료 하여 옛날에 두통이나 뇌빈혈에 사용하였음

יֵשׁ לָכֶם חֲתִיכַת סַבּוֹן

[yesh lakem hatikat ssabon 예쉬 라켐 하티카트 싸본]

◆ "Do you have soap flakes(당신들은 조각비누[선전용 소형비누]를 가지고 있습니까)?"

יֵשׁ לָכֶם פְּתִיתֵי סַבּוֹן

[yesh lakem petitey ssabon 예쉬 라켐 페티테이 싸본]

◆ "Do you have a pair of sunglasses(당신들은 선글라스 한 개를 가지고 있습니까)?"

יֵשׁ לָכֶם מִשְׁקְפֵי שֶׁמֶשׁ

[yesh lakem mishkuhpey shemesh 예쉬 라켐 미쉬크페이 쉐메쉬]

◆ "Do you have sunburn ointment(당신들은 햇볕에 탄 곳에 바르는 연고를 가지고 있습니까)?"

יֵשׁ לָכֶם מִשְׁחָה נֶגֶד כְּוִיַת שֶׁמֶשׁ

[yesh lakem mishha neged keviyat shemesh 예쉬 라켐 미쉬하 네게드 케비야트 쉐메쉬]

◆ "Do you have suntan oil(당신들은 햇볕에 태운 곳에 바르는 기름을 가지고 있습니까)?"

יֵשׁ לָכֶם שֶׁמֶן לְשִׁיזּוּף

[yesh lakem shemen leshizup 예쉬 라켐 쉐멘 레쉬주프]

◆ "Do you have a thermometer(당신들은 온도계를 가지고 있습니까)?"

יֵשׁ לָכֶם מַדְחֹם

[yesh lakem madhom 예쉬 라켐 마드홈]

◆ "Do you have a toothbrush(당신들은 칫솔을 가지고 있습니까)?"

יֵשׁ לָכֶם מִבְרֶשֶׁת שִׁנַּיִם

[yesh lakem mibreshet shinayim 예쉬 라켐 미브레쉐트 쉬나임]

◆ "Do you have toothpaste(당신들은 치약을 가지고 있습니까)?"

יֵשׁ לָכֶם מִשְׁחַת שִׁנַּיִם

[yesh lakem mishhat shinayim 예쉬 라켐 미쉬하트 쉬나임]

◆ "Do you have a can of toothpowder(당신들은 가루치약 한 통을 가지고 있습니까)?"

יֵשׁ לָכֶם קוּפְסַת אַבְקַת שִׁנַּיִם

[yesh lakem kupuhssat 'abkat shinayim 예쉬 라켐 쿠프싸트 아브카트 쉬나임]

의류점

חֲנוּת הַלְבָּשָׁה

하누트 할바샤

◆ "I want to buy a bathing cap(나는 수영모자를 사고 싶습니다)."

אֲנִי רוֹצָה לִקְנוֹת כּוֹבַע יָם (여자가 말할 때)

['ani rozzah liknot koba' yam 아니 로짜 리크노트 코바 얌]

אֲנִי רוֹצֶה לִקְנוֹת כּוֹבַע יָם (남자가 말할 때)

['ani rozzeh liknot koba' yam 아니 로쩨 리크노트 코바 얌]

- "a bathing suit(수영복)"

  בֶּגֶד יָם [beged yam 베게드 얌]

- "a blouse(블라우스)"

  חוּלְצָה [hulzzah 훌짜]

- "a brassiere(브래지어)"

  חֲזִיָּה [haziyah 하지야]

- "a coat(상의 혹은 웃옷)"

  מְעִיל [me'il 메일]

- "a collar(옷의 깃 혹은 칼라)"

  צַוָּארוֹן [zzava'ron 짜바론]

- "diapers([갓난아이] 기저귀들)"

  חִתּוּלִים [hitulim 히툴림]

- "a dress([원피스형의] 여성복)"

  שִׂמְלָה [simlah 씸라]

- "children's clothes(아동복들)"

  בִּגְדֵי יְלָדִים [bigdey yeladim 비그데이 옐라딤]

- "a pair of garters([남자의] 한 짝의 양말대님 혹은 가터)"

זוּג בְּרִיוֹת [zug biriyot 주그 비리요트]

◆ "a girdle or belt(띠 혹은 벨트)"

חֲגוֹרָה [hagorah 하고라]

◆ "a pair of gloves(장갑 한 켤레)"

זוּג כְּפָפוֹת [zug kepapot 주그 케파포트]

◆ "a handbag(핸드백)"

אַרְנָק ['arnak 아르나크]

◆ "a few handkerchifs(몇개의 손수건)"

כַּמָּה מִמְחָטוֹת [kamah mimhatot 카마 밈하토트]

◆ "a hat(모자)"

כּוֹבַע [koba' 코바]

◆ "a fur jacket(모피조끼)"

מְעִיל פַּרְוָה [me'il parvah 메일 파르바]

◆ "neckties(넥타이들)"

עֲנִיבוֹת ['anibot 아니보트]

◆ "a nightgown(잠옷)"

כְּתֹנֶת לַיְלָה [kutonet laylah 쿠토네트 라일라]

- "panties or shorts(팬티 혹은 쇼트 팬츠)"

  תַּחְתּוֹנִים [tahuhtonim 타흐토님]

- "pajamas(파자마 혹은 잠옷)"

  פִּיזָמָה [pizamah 피자마]

- "a raincoat(비옷)"

  מְעִיל גֶּשֶׁם [me'il geshem 메일 게쉠]

- "a robe or dressing gown(예복, 관복 혹은 화장복)"

  שִׂמְלַת בַּיִת [ssimlat bayit 씸라트 바이트]

  or חָלוּק [haluk 할루크]

- "a scarf(스카프)"

  סוּדָר [ssudar 쑤다르]

- "a pair of shoes(구두 한 켤레)"

  זוּג נַעֲלַיִם [zug na'alayim 주그 나알라임]

- "shoelaces(구두끈들)"

  שְׂרוֹכֵי נַעֲלַיִם [sserokey na'alayim 쎄로케이 나알라임]

- "a skirt(스커트 혹은 치마)"

  חֲצָאִית [hazza'it 하짜이트]

- "a petticoat or underskirt(속치마)"

תַחְתּוֹנָה [tahuhtonah 타흐토나]

- "a pair of slippers(한 켤레의 슬리프)"

זוּג נַעֲלֵי בַּיִת [zug na'aley bayit 주그 나알레이 바이트]

- "a half-dozen pairs of socks or stockings(양말 여섯 켤레 혹은 스타킹 여섯 켤레)"

חֲצִי תְּרֵיסַר זוּגוֹת גַּרְבַּיִם

[hazzi tereyssar zugot garbayim 하찌 테레이싸르 주고트 가르바임]

- "A pair of nylon stockings(나일론 스타킹 한 켤레)"

זוּג גַּרְבֵּי נַיְילוֹן

[zug garbey nayylon 주그 가르베이 나이일론]

- "a suit([의복, 갑옷 따위의] 한 벌 혹은 [여성복의] 스커트와 웃옷)"

חֲלִיפָה [halipah 할리파]

- "a pair of suspenders(바지 멜빵)"

זוּג כְּתֵפִיּוֹת

[zug ketepiyot 주그 케테피요트]

- "a sweater(스웨터)"

  סְוֶדֶר [ssebeder 쎄베데르]

- "a pair of trousers(바지 한 벌)"

  זוּג מִכְנָסַיִם [zug miknassayim 주그 미크나싸임]

- "undershirts(속 셔츠)"

  גוּפִיּוֹת [gupiyot 구피요트]

서점과 문방구

חֲנוּת סְפָרִים וּכְלֵי כְּתִיבָה

하누트 쎄파림 우클레이 케티바

◆ "Where is there a bookshop(서점이 어디에 있습니까)?"

אֵיפֹה יֵשׁ חֲנוּת סְפָרִים

['eypoh yesh hanut sseparim 에이포 예쉬 하누트 쎄파림]

◆ "Where is there a stationery(문방구가 어디에 있습니까)?"

אֵיפֹה יֵשׁ חֲנוּת כְּלֵי כְּתִיבָה

['eypoh yesh hanut keley ketibah 에이포 예쉬 하누트 켈레

이 케티바]

♦ "Where is there a newsdealer(신문판매인이 어디에 있습니까)?"

אֵיפֹה יֵשׁ מוֹכֵר עִתּוֹנִים

['eypoh yesh moker 'itonim 에이포 예쉬 모케르 이토님]

♦ "I want to buy a book(나는 책 한권을 사고 싶습니다)."

אֲבַקֵּשׁ לִקְנוֹת סֵפֶר

['abakesh liknot sseper 아바케쉬 리크노트 쎄페르]

♦ "I want to buy a guidebook(나는 여행 안내서를 사고 싶습니다)."

אֲבַקֵּשׁ לִקְנוֹת מַדְרִיךְ

['abakesh liknot madrik 아바케쉬 리크노트 마드리크]

♦ "I want to buy a blotter(나는 비망록 혹은 기록장부을 사고 싶습니다)."

אֲבַקֵּשׁ לִקְנוֹת נְיָר סוֹפֵג

['abakesh liknot neyar ssopeg 아바케쉬 리크노트 네야르 쏘페그]

♦ "I want to buy an assortment of picture postcards(나는 종류별로

되어있는 그림엽서카드를 사고 싶습니다).”

אֲבַקֵשׁ לִקְנוֹת סִדְרָה שֶׁל גְּלוּיוֹת מַרְאֶה

['abakesh liknot ssidrah shel geluyot maruh'eh 아바케쉬 리크노트 씨드라 쉘 겔루요트 마르에]

◆ “I want to buy a deck of playing cards(나는 카드 한벌을 사고 싶습니다).”

אֲבַקֵשׁ לִקְנוֹת חֲבִילַת קְלָפִים

['abakesh liknot habilat kelapim 아바케쉬 리크노트 하빌라트 켈라핌]

◆ “I want to buy a dictionary(나는 사전을 한 권 사고 싶습니다).”

אֲבַקֵשׁ לִקְנוֹת מִלּוֹן

['abakesh liknot milon 아바케쉬 리크노트 밀론]

◆ “I want to buy one dozen envelops(나는 봉투 12개를 사고 싶습니다).”

אֲבַקֵשׁ לִקְנוֹת תְּרֵיסַר מַעֲטָפוֹת

['abakesh liknot tereyssar ma'atapot 아바케쉬 리크노트 테레이싸르 마아타포트]

◆ “I want to buy an eraser(나는 칠판 지우개를 사고 싶습니

다).”

אֲבַקֵשׁ לִקְנוֹת מוֹחֵק

['abakesh liknot mohek 아바케쉬 리크노트 모헤크]

◆ “I want to buy ink(나는 잉크를 사고 싶습니다).”

אֲבַקֵשׁ לִקְנוֹת דְּיוֹ

['abakesh liknot deyo 아바케쉬 리크노트 데요]

◆ “I want to buy some magazines(나는 몇권의 잡지를 사고 싶습니다).”

אֲבַקֵשׁ לִקְנוֹת כַּמָּה יַרְחוֹנִים

['abakesh liknot kamah yarhonim 아바케쉬 리크노트 카마 야르호님]

◆ “I want to buy a map of Israel(나는 이스라엘의 지도를 사고 싶습니다).”

אֲבַקֵשׁ לִקְנוֹת מַפַּת יִשְׂרָאֵל

[abakesh liknot mapat yissuhrael 아바케쉬 리크노트 마파트 이쓰라엘]

◆ “I want to buy some artist's materials(나는 몇가지 예술가의 도구들을 사고 싶습니다).”

אֲבַקֵשׁ לִקְנוֹת חָמְרֵי אָמָנוּת

['abakesh liknot homrey 'omanut 아바케쉬 리크노트 홈레
이 오마누트]

* "I want to buy a newspaper(나는 신문을 사고 싶습니다)."

אֲבַקֵּשׁ לִקְנוֹת עִתּוֹן

['abakesh liknot 'iton 아바케쉬 리크노트 이톤]

* "I want to buy carbon paper(나는 복사용 카본지를 사고 싶습
니다)."

אֲבַקֵּשׁ לִקְנוֹת נְיָר פֶּחָם

['abakesh liknot neyar peham 아바케쉬 리크노트 네야르
페함]

* "I want to buy a sheet of wrapping paper(나는 포장지를 사고
싶습니다)."

אֲבַקֵּשׁ לִקְנוֹת גִּלָּיוֹן נְיָר אֲרִיזָה

['abakesh liknot gilyon neyar 'arizah 아바케쉬 리크노트 길
욘 네야르 아리자]

* "I want to buy writing paper(나는 필기용지를 사고 싶습니
다)."

אֲבַקֵּשׁ לִקְנוֹת נְיָר מִכְתָּבִים

['abakesh liknot neyar miktabim 아바케쉬 리크노트 네야르

미크타빔]

◆ "I want to buy a ream of typing paper(나는 1연(連)의 타이퍼 용지를 사고 싶습니다)."

אֲבַקֵּשׁ לִקְנוֹת חֲבִילַת נְיָר כְּתִיבָה

['abakesh liknot habilat neyar ketibah 아바케쉬 리크노트 하빌라트 네야르 케티바]

◆ "I want to buy a typewriter ribbon(나는 타자기 리본을 사고 싶습니다)."

אֲבַקֵּשׁ לִקְנוֹת סֶרֶט לִמְכוֹנַת כְּתִיבָה

['abakesh liknot sseret limkonat ketibah 아바케쉬 리크노트 쎄레트 림코나트 케티바]

◆ "I want to buy a fountain pen(나는 만년필을 사고 싶습니다)."

אֲבַקֵּשׁ לִקְנוֹת עֵט נוֹבֵעַ

['abakesh liknot et nobea' 아바케쉬 리크노트 에트 노베아]

◆ "I want to buy a pencil(나는 연필을 사고 싶습니다)."

אֲבַקֵּשׁ לִקְנוֹת עִפָּרוֹן

['abakesh liknot 'iparon 아바케쉬 리크노트 이파론]

◆ "I want to buy string(나는 끈 혹은 줄을 사고 싶습니다)."

אֲבַקֵּשׁ לִקְנוֹת חֶבֶל

[ʼabakesh liknot hebel 아바케쉬 리크노트 헤벨]

◆ "I want to buy a roll of gummed tape(나는 두루마리로 된 포장

용 테이프[1]를 사고 싶습니다)."

אֲבַקֵּשׁ לִקְנוֹת גְּלִיל נְיָר דֶּבֶק

[abakesh liknot gelil neyar debek 아바케쉬 리크노트 겔릴

네야르 데베크]

---

[1] 접착제를 바른 면에 물을 묻히면 붙게되는 포장용 테이프

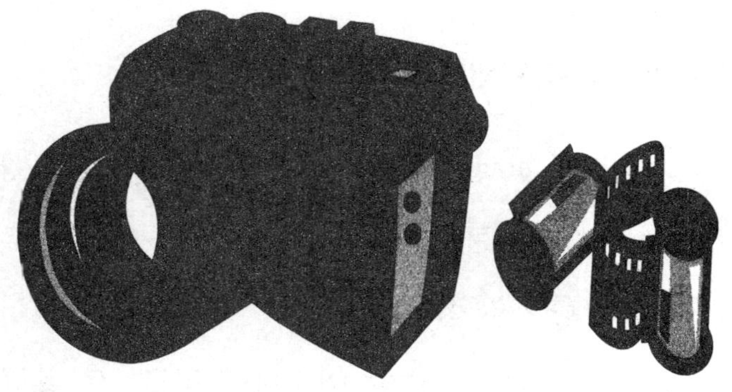

사진

צִלּוּם

찔룸

- "I want a roll of movie film for this camera(나는 이 카메라 용, 영화 필름을 구입하고자 합니다)."

אֲבַקֵּשׁ גְּלִיל סֶרֶט הַסְרָטָה עֲבוּר צַלְמוֹנִיָּה זוּ

['abakesh gelil sseret hassratah 'abur zzalmoniya zu 아바케쉬 겔릴 쎄레트 하쓰라타 아부르 짤모니야 주]

- "Do you have color film(당신들은 칼라 필름을 가지고 있습니까)?"

הֲיֵשׁ לָכֶם פִילְם צִבְעוֹנִי

[hayesh lakem pilm zzibuh'oni 하예쉬 라켐 필름 찌브오니]

* "Do you have flashbulbs(당신들은 섬광전구를 가지고 있습니까)?"

הַיֵשׁ לָכֶם נוּרִיוֹת צָלוּם

[hayesh lakem nuriyot zzilum 하예쉬 라켐 누리요트 찔룸]

* "The size is hundred(크기는 100 입니다)."

הַגֹדֶל הוּא מֵאָה

[hagodel hu me'ah 하고델 후 메아]

* "What is charge for developing a roll(필름 한 통 현상하는데 비용은 얼마입니까)?"

כַּמָה יַעֲלֶה פִּתּוּחַ גָלִיל אֶחָד

[kamah ya'aleh pituah galil 'ehad 카마 야알레 피투아흐 갈릴 에하드]

* "What is charge for an enlargement(사진 확대하는데 비용은 얼마입니까)?"

כַּמָה יַעֲלֶה הַגְדָלָה

[kamah ya'aleh hagdalah 카마 야알레 학달라]

* "What is charge for one print of each(사진 한 장당 인화하는데

비용은 얼마입니까)?”

כַּמָה יַעֲלֶה הַדְפָּסָה אַחַת מִכָּל אֶחָד

[kamah ya‘aleh hadpassah 'ahat mikol 'ehad 카마 야알레 하드파싸 아하트 미콜 에하드]

◆ “Please have this ready for me as soon as possible(이것은 가능한 한 빨리 내가 쓸 수 있도록 준비해 주십시오).”

נָא לְהָכִין לִי זֹאת בְּהֶקְדֵם הָאֶפְשָׁרִי

[na' lehakin li zo't behekuhdem ha'epuhshari 나 레하킨 리 조트 베헤크뎀 하에프샤리]

이발관과 미용실

סַפָּר וּמִסְפָּרָה

싸파르 우미쓰파라

◆ "Where will I find a good barber(내가 어디에서 훌륭한 이발
사를 찾을 수 있습니까)?"

אֵיפֹה אֶמְצָא סַפָּר טוֹב

['eypoh 'emzza' ssapar tob 에이포 엠짜 싸파르 토브]

◆ "Where will I find a beauty parlor(내가 어디에서 미장원을 찾
을 수 있습니까)?"

אֵיפֹה אֶמְצָא מִסְפָּרָה

['eypoh 'emzza' missparah 에이포 엠짜 미쓰파라]

◆ "I want a haircut(나는 이발을 하고 싶습니다)."

אֲבַקֵשׁ לְהִסְתַּפֵּר

['abakesh lehisstaper 아바케쉬 레히쓰타페르]

◆ "I want a facial(나는 얼굴 마사지를 하고 싶습니다)."

אֲבַקֵשׁ טִפּוּל פָּנִים

['abakesh tipul panim 아바케쉬 티풀 파님]

◆ "I want a massage(나는 마사지를 받고 싶습니다)."

אֲבַקֵשׁ מַסַז

['abakesh massaz 아바케쉬 마싸즈]

◆ "I want a hair set(나는 헤어 세트를 하고 싶습니다)."

אֲבַקֵשׁ סִלְסוּל

['abakesh ssilssul 아바케쉬 씰쑬]

◆ "I want a hair tint(나는 머리 염색을 하고 싶습니다)."

אֲבַקֵשׁ צִבוּעַ

['abakesh zzibua' 아바케쉬 찌부아]

◆ "I want a manicure(나는 매니큐어를 칠하고 싶습니다)."

אֲבַקֵשׁ מַנִיקוּר

['abakesh manikur 아바케쉬 마니쿠르]

◆ "I want a permanent wave(나는 파마를 하고 싶습니다)."

אֲבַקֵשׁ סִלְסוּל תְּמִידִי

['abakesh ssilssul temidi 아바케쉬 씰쑬 테미디]

◆ "I want a shoe shine(나는 구두를 닦고 싶습니다)."

אֲבַקֵשׁ צִחְצוּחַ נַעֲלַיִם

['abakesh zzihuhzzuah na'alayim 아바케쉬 찌흐쭈아흐 나 알라임]

◆ "Can it be done now(지금 그것을 할 수 있습니까)?"

הַאִם אֶפְשָׁר לַעֲשׂוֹת זֹאת עַכְשָׁיו

[ha'im 'epuhshar la'assot zo't 'akshayv 하임 에프샤르 라아 쏘트 조트 아크샤이브]

◆ "Can I make an appointment for tomorrow(내가 내일 약속해도 되겠습니까)?"

הַאוּכַל לִקְבּוֹעַ זְמַן לְמָחָר

[ha'ukal likboa' zeman lemahar 하우칼 리크보아 제만 레마 하르]

◆ "My part is on this side(내 몸의 이쪽부위이다)."

הַשְּׁבִיל שֶׁלִי בְּצַד זֶה

[hashbil sheli bezzad zeh 하쉬빌 쉘리 베짜드 제]

◆ "My part is on the other side(내 몸의 다른 쪽이다)."

הַשְׁבִיל שֶׁלִי בַּצַר הָאַחֵר

[hashbil sheli bazzar ha'aher 하쉬빌 쉘리 바짜르 하아헤르]

◆ "My part is in the middle(내 몸의 중간이다)."

הַשְׁבִיל שֶׁלִי בָּאֶמְצַע

[hashbil sheli ba'emzza' 하쉬빌 쉘리 바엠짜]

◆ "Do not cut any off the top(앞머리는 조금도 자르지 마세요)."

נָא לֹא לִגְזֹז שׁוּם דָּבָר לְמַעְלָה

[na' lo' ligzoz shum dabar lema'lah 나 로 리그조즈 슘 다바르 레말라]

◆ "Not too short(너무 짧게 자르지 마세요)."

לֹא קָצָר מִדַּי

[lo' kazzar miday 로 카짜르 미다이]

◆ "Thin it out a little(머리를 조금만 쳐 주세요)."

תוֹצִיאִי קְצָת (여자에게 말할 때)

[tozzi'i kezzat 토찌이 케짜트]

תוֹצִיא קְצָת (남자에게 말할 때)

[tozzi' kezzat 토찌 케짜트]

◆ "Do not put on hair tonic(양모제를 바르지 마세요)."

אַל תָּשִׂים תָּשִׂימִי מֵי שֵׂעָר

['al tassim tasimi mey sse'ar 알 타씸 타씨미 메이 쎄아르]

세탁소와 드라이크리닝
מַכְבֵּסָה וְנִקּוּי חִימִי
마크베싸 베니쿠이 히미

* "Does this laundry give one-day service(이 세탁소는 하루 24

  시간동안 영업을 합니까)?"

  הַאִם מַכְבֵּסָה זוֹ מַחֲזִירָה בְּאוֹתוֹ יוֹם

  [ha'im makuhbessah zo mahazirah be'oto yom 하임 마크베

  싸 조 마하지라 베오토 욤]

* "Is this dry cleaner(이분이 드라이클리닝 업자입니까)?"

  הַאִם מְנַקֶּה חִימִי זֶה

  [ha'im menakeh himi zeh 하임 메나케 히미 제]

* "Please wash and mend this shirt(이 와이셔츠를 세탁하고 수

선해 주세요)."

אֲבַקֵשׁ לְכַבֵּס וּלְתַקֵּן כֻּתֹּנֶת זוֹ

['abakesh lekabess uluhtaken kutonet zo 아바케쉬 레카베쓰 우르타켄 쿠토네트 조]

◆ "This must not be washed in hot water(이것은 더운 물에 씻으면 안됩니다)."

אֶת זֶה אָסוּר לְכַבֵּס בְּמַיִם חַמִּים

['et zeh assur lekabess bemayim hamim 에트 제 아쑤르 레카베쓰 베마임 하밈]

◆ "Lukewarm water should be used(미지근한 물을 사용해야 합니다)."

יֵשׁ לְהִשְׁתַּמֵּשׁ בְּמַיִם פּוֹשְׁרִים

[yesh lehishtamesh bemayim poshrim 예쉬 레히쉬타메쉬 베마임 포쉬림]

◆ "Remove this stain, please(이 얼룩을 제거해 주십시오)."

אֲבַקֵשׁ לְנַקּוֹת אֶת הַכֶּתֶם הַזֶּה

['abakesh lenakot 'et haketem hazeh 아바케쉬 레나코트 에트 하케템 하제]

◆ "Do not starch the collar(칼라에 풀을 먹이지 마세요 혹은 칼

라를 딱딱하게 하지 마세요).”

אַל תָּשִׂימִי עֲמִילָן בַּצַּוְּארוֹן (여자에게 말할 때)

[’al tasimi ‘amilan bazzava’ron 알 타씨미 아밀란 바짜바론]

◆ “I want this suit cleaned and pressed(나는 이 옷을 세탁하여,

다리미질을 하고 싶습니다).”

אֲבַקֵשׁ לְנַקּוֹת וּלְגַהֵץ חֲלִיפָה זוֹ

[’abakesh lenakot ulegahezz halipah zo 아바케쉬 레나코트

우레가헤쯔 할리파 조]

◆ “The pocket is torn(호주머니가 찢어졌습니다).”

הַכִּיס קָרוּעַ

[hakiss karua‘ 하키쓰 카루아]

◆ “The belt is missing(벨트가 없다).”

חֲסֵרָה הַחֲגוֹרָה

[hasserah hahagorah 하쎄라 하하고라]

◆ “Will you sew on the buttons for me(당신은 나의 [옷의] 단추

를 꿰매어 달아주시겠습니까)?”

הֲתוּכְלִי לִתְפּוֹר לִי אֶת הַכַּפְתּוֹרִים (여자에게 말할 때)

[hatukuhli litpor li et hakapuhtorim 하투클리 리트포르 리

에트 하카프토림]

◆ "Replace the zipper, please(지퍼를 교환해 주십시요)."

אֲבַקֵשׁ לְהַחֲלִיף אֶת הָרוּכְסָן

['abakesh lehahalip et harukuhssan 아바케쉬 레하할리프

에트 하루크싼]

고장수리

תִּקּוּנִים

테쿠님

- "My glasses are broken(나의 안경이 깨어졌습니다)."

הַמִּשְׁקָפַיִם שֶׁלִּי שְׁבוּרוֹת

[hamishkapayim sheli sheburot 하미쉬카파임 쉘리 쉐부로트]

- "Please regulate my watch(나의 손목 시계를 조정해 주십시요)."

נָא לְכַוֵּן אֶת הַשָּׁעוֹן שֶׁלִּי

[na' lekaven 'et hasha'on sheli 나 레카벤 에트 하사온 쉘리]

- "My clock loses time(나의 시계가 늦게 간다)."

הַשָׁעוֹן שֶׁלִי מְפַגֵּר

[hasha'on sheli mepager 하샤온 쉘리 메파게르]

- "My clock gains time(나의 시계가 빨리 간다)."

הַשָׁעוֹן שֶׁלִי מְמַהֵר

[hasha'on sheli memaher 하샤온 쉘리 메마헤르]

- "My hearing aid does not function well(나의 보청기가 작동이 잘 되지 않는다)."

מַכְשִׁיר הַשְׁמִיעָה שֶׁלִי פּוֹעֵל בְּסֵדֶר

[makuhshir hashemi'ah sheli po'el besseder 마크쉬르 하쉐 미아 쉘리 포엘 베쎄데르]

- "Please repair the sole([구두] 밑창을 수리해 주십시오)."

אֲבַקֵשׁ לְתַקֵן אֶת הַסוּלְיָה

['abakesh letaken 'et hassulyah 아바케쉬 레타켄 에트 하 쑬야]

- "Please repair the heel(뒤굽을 수리해 주십시오)."

אֲבַקֵשׁ לְתַקֵן אֶת הֶעָקֵב

['abakesh letaken 'et he'akeb 아바케쉬 레타켄 에트 헤아 케브]

◆ "Please repair the uppers(구두갑피[甲皮]를 수리해 주십시오)."

אֲבַקֵּשׁ לְתַקֵּן אֶת הָעוֹר הָעֶלְיוֹן

['abakesh letaken 'et ha'or ha'elyon 아바케쉬 레타켄 에트 하오르 하엘욘]

◆ "Please repair the strap(가죽 끈 혹은 혁대를 수리해 주십시오)."

אֲבַקֵּשׁ לְתַקֵּן אֶת הָרְצוּעָה

['abakesh letaken 'et harzzu'ah 아바케쉬 레타켄 에트 하르쭈아]

제10부
건강과 사고 대처방법

건강과 질병

בְּרִיאוּת וּמַחֲלָה

베리우트 우마할라

◆ "I need a doctor(나는 의사가 필요합니다)."

אֲנִי צְרִיכָה רוֹפֵא (여자가 말할 때)

['ani zzerikah rope' 아니 쩨리카 로페]

אֲנִי צָרִיךְ רוֹפֵא (남자가 말할 때)

['ani zzarik rope' 아니 짜리크 로페]

◆ "an American doctor(미국인 의사)"

רוֹפֵא אֲמֵרִיקָאִי

[rope' 'amerika'i 로페 아메리카이]

* "a doctor who speaks English(영어를 말하는 의사)"

רוֹפֵא הַמְדַבֵּר אַנְגְלִית

[rope' hamuhdaber anglit 로페 하므다베르 안글리트]

* "a specialist(전문의)"

רוֹפֵא מוּמְחֶה [rope' mumheh 로페 뭄헤]

* "a chiropodist(발 치료 의사)"

רוֹפֵא רַגְלַיִם [rope' raguhlayim 로페 라글라임]

* "an oculist(안과 의사)"

רוֹפֵא עֵינַיִם [rope' 'eynayim 로페 에이나임]

* "Is the doctor in(안에 의사가 있습니까)?"

הַאִם הָרוֹפֵא בַּבַּיִת

[ha'im harope' babayit 하임 하로페 바바이트]

* "I have something in my eye(내 눈에 무엇이 들어가 있다)."

יֵשׁ לִי מַשֶּׁהוּ בָּעַיִן

[yesh li mashehu ba'ayin 예쉬 리 마쉐후 바아인]

* "I have a headhache(나는 머리가 아프다)."

יֵשׁ לִי כְּאֵב רֹאשׁ

[yesh li ke'eb ro'sh 예쉬 리 케에브 로쉬]

◆ "I have a pain in my back(나는 등이 아프다)."

יֵשׁ לִי כְּאֵב בַּגַּב

[yesh li ke'eb bagab 예쉬 리 케에브 바가브]

◆ "I do not sleep well(나는 잠을 잘 잘 수 없다)."

אֵינֶנִּי יְשֵׁנָה טוֹב (여자가 말할 때)

['eyneni yeshenah tob 에이네니 예쉐나 토브]

אֵינֶנִּי יָשֵׁן טוֹב־ (남자가 말할 때)

['eyneni yashen tob 에이네니 야쉔 토브]

◆ "Can you give me something to relieve my allergy(당신은 나의 알레르기를 치료할 수 있는 것을 줄 수 있습니까)?"

הַתוּכַל לָתֵת לִי מַשֶּׁהוּ נֶגֶד הָאַלֶרְגִיָה שֶׁלִי (남자에게 말할 때)

[hatukal latet li mashhu neged ha'alerguhyah 하투칼 라테트 리 마쉐후 네게드 하알레르그야 쉘리]

◆ "an appendicitis attack(맹장염의 발병)"

הַתְקָפַת הַמֵעִי הָעִוֵר

[hatuhkapat hamuh'i ha'iver 하트카파트 하므이 하이베르]

- “a mosquito bite(모기가 묾)”

עֲקִיצַת יַתּוּשׁ

['akizzat yatush 아키짜트 야투쉬]

- “a blister(물집 혹은 수포)”

אֲבַעְבּוּעָה ['aba'bu'ah 아바부아]

- “a boil(부스럼 혹은 종기)”

מוּרְסָה [murssah 무르싸]

- “a burn(화상)”

כְּוִיָּה [keviyah 케비야]

- “chills(오한[惡寒])”

צְמַרְמֹרֶת [zzemarmoret 쩨마르모레트]

- “a cold(감기)”

הִצְטַנְּנוּת [hizzuhtanuhnut 히쯔타느누트]

- “constipation(변비)”

עֲצִירוּת ['azzirut 아찌루트]

- “a cough(기침)”

שִׁעוּל [shi'ul 시울]

◆ "a cramp(근육 경련 혹은 쥐)"

הִתְכַּוְּצוּת [hitkavuhzzut 히트카브쭈트]

◆ "diarrhoea(설사)"

שִׁלְשׁוּל [shilshul 실술]

◆ "dysentery(이질)"

דִּיסֶנְטֶרְיָה [dissenteryah 디쎈테르야]

◆ "an earache(귀가 아픔)"

כְּאֵב אָזְנַיִם [ke'eb aznayim 케에브 아즈나임]

◆ "a fever(열병)"

חֹם [hom 홈]

◆ "hoarseness(목이 쉼)"

צְרִידוּת [zzeridut 쩨리두트]

◆ "indigestion(소화불량)"

קִלְקוּל הַקֵּבָה [kilkul hakebah 킬쿨 하케바]

◆ "an infection(전염 혹은 전염병)"

הִדַּבְּקוּת [hidabuhkut 히다브쿠트]

◆ "nausea(매스꺼움 혹은 배멀미)"

בְּחִילָה [behilah 베힐라]

* "pneumonia(폐렴)"

דַּלֶקֶת רֵאוֹת [daleket re'ot 달레케트 레오트]

* "a sore throat(후두염 혹은 목이 아픔)"

כְּאֵב גָּרוֹן [ke'eb garon 케에브 가론]

* "a sunburn(햇볕에 탐 혹은 피부의 변색)"

כְּוִיַּת שֶׁמֶשׁ [keviyat shemesh 케비아트 쉐메쉬]

* "a virus(바이러스)"

וִירוּס [viruss 비루쓰]

* "What shall I do(내가 무엇을 해야 합니까)?"

מֶה עָלַי לַעֲשׂוֹת [meh alay la'assot 메 알라이 라아쏘트]

* "Do I have to go to a hospital(내가 병원에 가야 합니까)?"

הַאִם עָלַי לָלֶכֶת לְבֵית חוֹלִים

[ha'im alay laleket lebeyt holim 하임 알라이 랄레케트 레베이트 홀림]

* "Must I stay in bed(내가 침대에 있어야 합니까)?"

הַאִם עָלַי לְהִשָּׁאֵר בַּמִּטָּה

[ha'im 'alay lehisha'er bamitah 하임 알라이 레히샤에르 바

미타]

◆ "Is it contagious(그것은 전염성이 있습니까)?"

הַאִם זֶה מְדַבֵּק

[ha'im zeh medabek 하임 제 메다베크]

◆ "I feel better(나는 병이 호전되는 것을 느낀다)."

אֲנִי מַרְגִּישׁ יוֹתֵר טוֹב

['ani margish yoter tob 아니 마르기쉬 요테르 토브]

◆ "I feel worse(나는 병이 악화되는 것을 느낀다)."

אֲנִי מַרְגִּישׁ יוֹתֵר רַע

['ani margish yoter ra' 아니 마르기쉬 요테르 라]

◆ "Can I travel on Monday(내가 월요일에 여행을 할 수 있습니까)?"

הַאוּכַל לִנְסוֹעַ בְּיוֹם שֵׁנִי

[ha'ukal linssoa' beyom sheni 하우칼 린쏘아 베욤 쉐니]

◆ "When will you come again(당신은 언제 다시 오겠습니까)?"

מָתַי תָּבֹא עוֹד פַּעַם

[matay tabo' 'od pa'am 마타이 타보 오드 파암]

◆ "When shall I take the medicine(언제 내가 약을 복용하면 됩

니까)?”

מָתַי עָלַי לָקַחַת אֶת הָרְפוּאָה

[matay alay lakahat et harpu'ah 마타이 알라이 라카하트 에트 하르푸아]

- “When shall I take the pills(언제 내가 알약을 복용하면 됩니까)?”

מָתַי עָלַי לָקַחַת אֶת הַכַּדּוּרִים

[matay alay lakahat 'et hakadurim 마타이 알라이 라카하트 에트 하카두림]

- “every hour(매 시간)”

כָּל שָׁעָה [kol sha'ah 콜 샤아]

- “before meals (식사 전)”

לִפְנֵי הָאֲרוּחוֹת

[lipney ha'aruhot 리프네이 하아루호트]

- “after meals (식사 후)”

אַחֲרֵי הָאֲרוּחוֹת

['aharey ha'aruhot 아하레이 하아루호트]

- “on going to bed(잠잘 때에 혹은 취침시에)”

לִפְנֵי הַשֵּׁנָה

[lipney hashenah 리프네이 하쉐나]

◆ "on getting up(일어났을 때에 혹은 기상시에)"

כְּשֶׁקָּמִים

[keshekamim 케쉐카밈]

◆ "twice a day(하루에 두번)"

פַּעֲמַיִם בַּיוֹם

[pa'amaim bayom 파아마임 바욤]

◆ "a drop(소량)"

טִפָּה [tipah 티파]

◆ "a teaspoonful(찻 숟가락 하나 가득)"

כַּפִּית [kapit 카피트]

◆ "X - ray(엑스선)"

שִׁקּוּף [shikup 쉬쿠프]

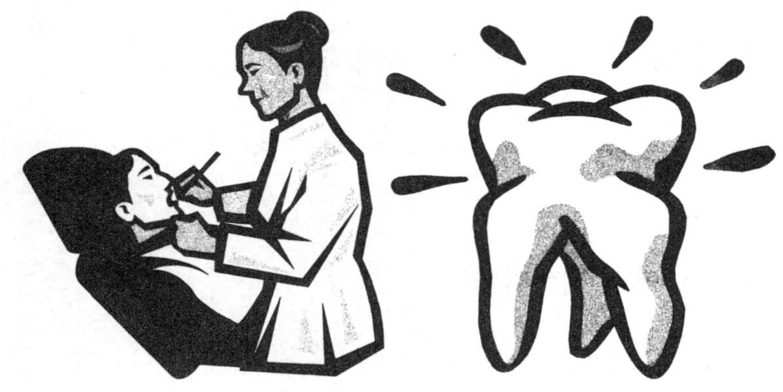

치과의사

רוֹפֵא שִׁנַּיִם

로페 쉬나임

- "Do you know a good dentist(당신은 훌륭한 치과의사를 알고 있습니까)?"

הַאִם אַתְ יוֹדַעַת עַל רוֹפֵא שִׁנַּיִם (여자에게 말할 때)

[ha'im 'at yoda'at 'al rope' shinayim 하임 아트 요다아트 알 로페 쉬나임]

הַאִם אַתָּה יוֹדֵעַ עַל רוֹפֵא שִׁנַּיִם (남자에게 말할 때)

[ha'im 'atah yodea' 'al rope' shinayim 하임 아타 요데아 알 로페 쉬나임]

◆ "I have lost a filling(나는 치아의 충전재[材]를 잊어버렸다)."

יָצְאָה לִי סְתִימָה

[yazzuh'ah li ssetimah 야쯔아 리 쎄티마]

◆ "This wisdom tooth hurts me(이 사랑니가 나를 아프게 한다)."

שֵׁן בִּינָה זוּ כּוֹאֶבֶת לִי

[shen binah zu ko'ebet li 쉔 비나 주 코에베트 리]

◆ "I think I have an abscess(나는 종양이 있다고 생각한다)."

חוֹשְׁבַנִי שֶׁיֵּשׁ לִי מוּרְסָה

[hoshbani sheyesh li murssah 호쉬바니 쉐예쉬 리 무르싸]

◆ "I think I have a broken tooth(나는 깨어진 이가 있다고 생각한다)."

חוֹשְׁבַנִי שֶׁיֵּשׁ לִי שֵׁן שְׁבוּרָה

[hoshbani sheyesh li shen sheburah 호쉬바니 쉐예쉬 리 쉔 쉐부라]

◆ "Can you fix the bridge temporarily(당신은 임시적으로 가공의 치[架工義齒]를 고정시킬 수 있습니까)?"

הֲתוּכַל לְסַדֵּר אֶת הַגֶּשֶׁר בְּאֹפֶן זְמַנִּי (남자에게 말할 때)

[hatukal lessader 'et hagesher beo'pan zemani 하투칼 레싸

데르 에트 하게쉐르 베오판 제마니]

◆ "the denture(틀니 혹은 의치[義齒])"

הַשִּׁנַּיִם הַתּוֹתָבוֹת

[hashinayim hatotabot 하쉬나임 하토타보트]

◆ "This is hurting me(이것이 나를 아프게 하고 있다)."

זֶה כּוֹאֵב לִי

[zeh ko'eb li 제 코에브 리]

◆ "Please give me a local anesthetic gas(나에게 국부 마취 가스
[마취용 아산화질소]를 주십시요)."

אֲבַקֵּשׁ לָתֵת לִי אֲנֶסְטֶזְיָה מְקוֹמִית גַּז

['abakesh latet li 'anesstezuhyah mekomit gaz 아바케쉬 라
테트 리 아네쓰테즈야 메코미트 가즈]

사고

תְּאוּנוֹת

테우노트

- "There has been an accident(사고가 발생했다)."

הָיְתָה תְּאוּנָה

[haytah te'unah 하이타 테우나]

- "Please call a doctor(의사를 불러 주십시오)."

נָא לִקְרֹא לְרוֹפֵא

[na' likro' lerope' 나 리크로 레로페]

- "Please call a nurse(간호원을 불러 주십시오)."

נָא לִקְרֹא אָחוֹת

[na' likro' 'ahot 나 리크로 아호트]

* "Please call an ambulance(구급차를 불러 주십시요)."

נָא לִקְרֹא אַמְבּוּלַנְס

[na' likro' 'ambulanss 나 리크로 암불란쓰]

* "He has fallen(그는 쓰러졌다)."

הוּא נָפַל

[hu' napal 후 나팔]

* "He has fainted(그는 기절했다)."

הוּא הִתְעַלֵּף

[hu' hituh'alep 후 히트알레프]

* "She has a bruise(그녀는 타박상을 입었다)."

הִיא קִבְּלָה מַכָּה

[hi' kiblah makah 히 키블라 마카]

* "She has a cut(그녀는 절단 되었다)."

הִיא קִבְּלָה חַתָּךְ

[hi' kiblah hatak 히 키블라 하타크]

* "She has a fracture(그녀는 골절상을 입었다)."

הִיא קִבְּלָה שֶׁבֶר

[hi' kiblah sheber 히 키블라 쉐베르]

◆ "She has a sprain(그녀는 [발목 혹은 손목을] 삐게 되었다)."

הִיא קִבְּלָה נֶקַע

[hi' kiblah neka' 히 키블라 네카]

◆ "Can you dress this wound(당신은 이 상처에 붕대를 감을 수 있습니까)?"

הַאִם אַתְּ יְכוֹלָה לַחֲבוֹשׁ אֶת הַפֶּצַע הַזֶּה (여자에게   말할 때)

[ha'im 'at yekolah lahabosh 'et hapezza' hazeh 하임 아트 예콜라 라하보쉬 에트 하페짜 하제]

הַאִם אַתָּה יָכֹל לַחֲבוֹשׁ אֶת הַפֶּצַע הַזֶּה (남자에게 말할 때)

[ha'im 'atah yakol lahabosh 'et hapezza' hazeh 하임 아타 야콜 라하보쉬 에트 하페짜 하제]

◆ "It is bleeding(피를 흘리고 있다)."

יוֹרֵד דָּם [yored dam 요레드 담]

◆ "It is swollen(이것은 부었다)."

זֶה נָפוּחַ [zeh napuah 제 나푸아흐]

◆ "I need something for a tourniquet(나는 지혈을 위한 어떤것이 필요하다)."

נָחוּץ לִי מַשֶּׁהוּ לַעֲצוֹר אֶת הַדָּם

[nahuzz li mashehu la'azzor 'et hadam 나후쯔 리 마쉐후 라아쪼르 에트 하담]

◆ "Are you all right(당신은 건강합니까)?"

הַאִם אַתְּ מַרְגִישָׁה בְּסֵדֶר (여자에게 말할 때)

[ha'im 'at margishah besseder 하임 아트 마르기샤 베쎄데르]

הַאִם אַתָּה מַרְגִיש בְּסֵדֶר (남자에게 말할 때)

[ha'im 'atah margish besseder 하임 아타 마르기쉬 베쎄데르]

◆ "I have hurt my foot(나는 발을 다쳤다)."

פָּצַעְתִּי אֶת הָרֶגֶל שֶׁלִי

[pazza'ti 'et haregel sheli 파짜티 에트 하레겔 쉘리]

◆ "I want to rest for a moment(나는 잠시동안 쉬고 싶습니다)."

אֲנִי רוֹצָה לָנוּחַ לְרֶגַע (여자가 말할 때)

['ani rozzah lanuah lerega' 아니 로짜 라누아흐 레레가]

אֲנִי רוֹצֶה לָנוּחַ לְרֶגַע (남자가 말할 때)

['ani rozzeh lanuah lerega' 아니 로쩨 라누아흐 레레가]

◆ "Please notify my husband(내 남편에게 통보해 주십시오)."

נָא לְהוֹדִיעַ לְבַעֲלִי

[na' lehodia' leba'ali 나 레호디아 레바알리]

◆ "Please notify my wife(내 아내에게 통보해 주십시오)."

נָא לְהוֹדִיעַ לְאִשְׁתִּי

[na' lehodia' le'ishti 나 레호디아 레이쉬티]

◆ "Please notify my friend(내 친구에게 통보해 주십시오)."

נָא לְהוֹדִיעַ לַחֲבֶרְתִּי (여자가 말할 때)

[na' lehodia' lehaberti 나 레호디아 레하베르티]

נָא לְהוֹדִיעַ לַחֲבֵרִי (남자가 말할 때)

[na' lehodia' lahaberi 나 레호디아 라하베리]

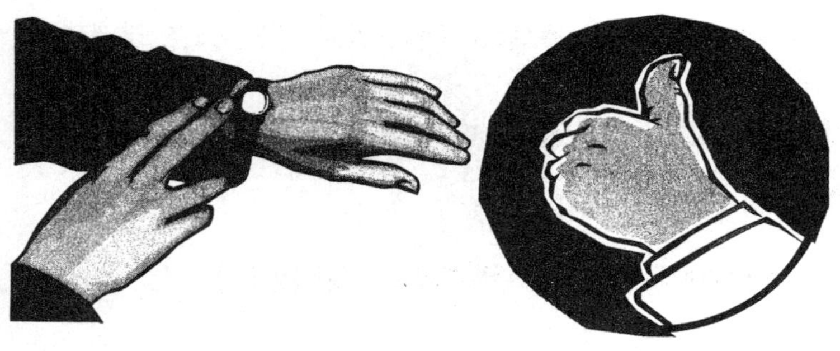

신체 기관

אֶבְרֵי הַגּוּף

에브레이 하구프

- "the appendix(맹장)"

  הַמְעִי הָעִוֵּר

  [hamuh'i ha'iver 하므이 하이베르]

- "the arm(팔)"

  הַזְּרוֹעַ [hazroa' 하즈로아]

- "the artery(동맥)"

  הָעֹרֶק [ha'orek 하오레크]

- "the back(등)"

  הַגַּב [hagab 하가브]

- "the blood(피)"

  הַדָּם [hadam 하담]

- "the blood vessels(혈관)"

  צִנּוֹרוֹת הַדָּם [zzinorot hadam 찌노로트 하담]

- "the bone(뼈)"

  הָעֶצֶם [ha'ezzem 하에쩸]

- "the brain(뇌)"

  הַמּוֹחַ [hamoah 하모아흐]

- "the breast(가슴)"

  הַשַּׁד [hashad 하샤드]

- "the cheek(뺨)"

  הַלְּחִי [halehi 하레히]

- "the chest(가슴)"

  הֶחָזֶה [hehazeh 헤하제]

- "the chin(턱)"

  הַסַּנְטֵר [hassanter 하싼테르]

- "the collarbone(쇄골[鎖骨])"

עֶצֶם הַצַּוָּאר ['ezzem hazzava'r 에쩸 하짜바르]

* "the ear(귀)"

הָאֹזֶן [ha'ozen 하오젠]

* "the elbow(팔꿈치)"

הַמַּרְפֵּק [hamarpek 하마르페크]

* "the eye(눈)"

הָעַיִן [ha'ayin 하아인]

* "the eyebrows(눈썹들)"

הַגַּבּוֹת [hagabot 하가보트]

* "the eyelashes(속눈썹들)"

הָרִיסִים [harissim 하리씸]

* "the eyelid(눈꺼풀)"

הָעַפְעַף [ha'apuh'ap 하아프아프]

* "the face(얼굴)"

הַפָּנִים [hapanim 하파님]

* "the finger(손가락)"

הָאֶצְבַּע [ha'ezzuhba' 하에쯔바]

- "the fingernail(손톱)"

צִפֹּרֶן הָאֶצְבַּע [zziporen ha'ezzuhba' 찌포렌 하에쯔바]

- "the foot(발)"

הָרֶגֶל [haregel 하레겔]

- "the forehead(이마)"

הַמֵּצַח [hamezzah 하메짜흐]

- "the gall bladder(쓸개)"

שַׁלְפּוּחִית הַמָּרָה [shalpuhit hamarah 샬푸히트 하마라]

- "the glands(선[腺] 혹은 분비기관)"

הַבְּלוּטוֹת [habalutot 하발루토트]

- "the gums(잇몸)"

הַחֲנִיכַיִם [hahanikayim 하하니카임]

- "the hair(머리카락)"

הַשֵּׂעָר [hasse'ar 하쎄아르]

- "the haed(머리)"

הָרֹאשׁ [haro'sh 하로쉬]

- "the hand(손)"

הַיָּד [hayad 하야드]

- "the heart(심장)"

הַלֵּב [haleb 하레브]

- "the heel(발 뒤꿈치)"

הֶעָקֵב [he'akeb 헤아케브]

- "the hip(엉덩이)"

הַמֹּתֶן [hamoten 하모텐]

- "the intestines(창자)"

הַמֵּעַיִם [hame'ayim 하메아임]

- "the jaw(턱)"

הַלֶּסֶת [halesset 하레쎄트]

- "the joint(관절)"

הַפֶּרֶק [haperek 하페레크]

- "the kidney(신장)"

הַכִּלְיָה [hakuhlayah 하클라야]

- "the leg(다리)"

הָרֶגֶל [haregel 하레겔]

- "the lip(입술)"

הַשָּׂפָה [hassapah 하싸파]

- "the liver(간)"

הַכָּבֵד [hakabed 하카베드]

- "the lung(폐)"

הָרֵאָה [hare'ah 하레아]

- "the mouth(입)"

הַפֶּה [hapeh 하페]

- "the muscle(근육)"

הַשְׁרִיר [hasharir 하샤리르]

- "the neck(목)"

הַצַּוָּאר [hazzava'r 하짜바르]

- "the nerve(신경)"

הָעֶצֶב [ha'ezzeb 하에쩨브]

- "the nose(코)"

הָאַף [ha'ap 하아프]

- "the rib(늑골 혹은 갈빗대)"

הַצֵּלַע [hazzela‘ 하쩰라]

- “the shoulder(어깨)”

הַכָּתֵף [hakatep 하카테프]

- “the skin(피부)”

הָעוֹר [ha‘or 하오르]

- “the skull(두개골)”

הַקַּדְקֹד [hakaduhkod 하카드코드]

- “the spine(등뼈)”

חוּט הַשִּׁדְרָה [hut hashiduhrah 후트 하쉬드라]

- “the stomach(위)”

הַקֵּבָה [hakebah 하케바]

- “the teeth(이 혹은 잇빨)”

הַשִּׁנַּיִם [hashinayim 하쉬나임]

- “the toe(발가락)”

אֶצְבַּע הָרֶגֶל [‘ezzba‘ haregel 에쯔바 하레겔]

- “the toenail(발톱)”

צִפֹּרֶן אֶצְבַּע הָרֶגֶל

[zziporen 'ezzba' haregel 찌포렌 에쯔바 하레겔]

- ◆ "the tongue(혀)"

הַלָשׁוֹן [halashon 하라숀]

- ◆ "the tonsils(편도선)"

הַשְׁקֵדִים [hashkedim 하쉬케딤]

- ◆ "the vein(정맥)"

הַוְרִיד [havarid 하바리드]

- ◆ "the wrist(손목)"

פֶּרֶק הַיָד [perek hayad 페레크 하야드]

제11부
시간, 계절, 절기, 날씨

유익한 정보: 시간

שׁונוֹת : זְמַן

쇼노트: 제만

- "What time is it (몇 시입니까)?"

  מַה הַשָּׁעָה

  [mah hasha'ah 마 하샤아]

- "It is early(시간이 이르다)."

  זֶה מוּקְדָם

  [zeh mukuhdam 제 무크담]

- "It is too late(시간이 너무 늦다)."

זֶה מְאוּחָר מִדַּי

[zeh me'uhar miday 제 메우하르 미다이]

- "It is two o'clock A.M(오전 2시다).”

זֶה שְׁתַּיִם בַּבֹּקֶר

[zeh shetayim baboker 제 쉐타임 바보케르]

- "It is half-past three P.M(오후 3시 반이 지났다).”

זֶה שָׁלֹשׁ וָחֵצִי אַחֲרֵי הַצָּהֳרַיִם

[zeh shalosh vahezzi 'aharey hazzahorayim 제 샬로쉬 바 헤찌 아하레이 하짜호라임]

- "It is quarter-past four(4시 15분이 지났다).”

זֶה אַרְבַּע וָרֶבַע

[zeh 'arba' vareba' 제 아르바 바레바]

- "It is quarter to five(5시 15분이다).”

זֶה רֶבַע לְחָמֵשׁ

[zeh reba' lehamesh 제 레바 레하메쉬]

- "At ten minutes to six(6시 10분이다).”

בְּשֵׁשׁ פָּחוֹת עֲשָׂרָה

[beshesh pahot assarah 베쉐쉬 파호트 아싸라]

◆ "At twelve minutes past seven(7시 12분이 지났다)."

בְּשֶׁבַע וּשְׁנֵים־עָשָׂר

[besheba' ushneym 'assar 베쉐바 우쉬네임 아싸르]

◆ "in the morning(아침에)"

בַּבֹּקֶר [baboker 바보케르]

◆ "in the afternoon(오후에)"

אַחֲרֵי הַצָּהֳרַיִם

[aharey hazzahorayim 아하레이 하짜호라임]

◆ "in the evening(저녁에)"

בָּעֶרֶב [ba'ereb 바에레브]

◆ "at noon(정오에)"

בַּצָּהֳרַיִם [bazzahorayim 바짜호라임]

◆ "the day(낮)" הַיּוֹם [hayom 하욤]

◆ "the night(밤)"

הַלַּיְלָה [halaylah 하라일라]

◆ "midnight(한밤중)"

חֲצוֹת [hazzot 하쪼트]

◆ "last night(지난밤)"

אֶמֶשׁ ['emesh 에메쉬]

◆ "yesterday(어제)"

אֶתְמוֹל ['etmol 에트몰]

◆ "today(오늘)"

הַיּוֹם [hayom 하욤]

◆ "tonight(오늘밤)"

הָעֶרֶב [ha'ereb 하에레브]

◆ "tomorrow(내일)"

מָחָר [mahar 마하르]

◆ "last month(지난달)"

בַּחֹדֶשׁ שֶׁעָבַר [bahodesh she'abar 바호데쉬 쉐아바르]

◆ "last year(지난해)"

אֶשְׁתָקַד ['eshtakad 에쉬타카드]

◆ "next week(다음주)"

בַּשָּׁבוּעַ הַבָּא [bashabua' haba' 바샤부아 하바]

◆ "next sunday(다음주 일요일)"

בְּיוֹם רִאשׁוֹן הַבָּא [beyom ri'shon haba' 베욤 리숀 하바]

- "the day before yesterday(그저께)"

שִׁלְשׁוֹם [shilshom 쉴숌]

- "the day after tomorrow(모레)"

מָחֳרָתַיִם [mahoratayim 마호라타임]

- "two weeks ago(2주전)"

לִפְנֵי שְׁבוּעַיִם

[lipuhney shebu'ayim 리프네이 쉐부아임]

주간 요일

יְמֵי הַשָּׁבוּעַ

예메이 하샤부아

- "Monday(월요일)"

  יוֹם שֵׁנִי [yom sheni 욤 쉐니]

- "Tuesday(화요일)"

  יוֹם שְׁלִישִׁי [yom shelishi 욤 쉘리쉬]

- "Wednesday(수요일)"

  יוֹם רְבִיעִי [yom rebi'i 욤 레비이]

- "Thursday(목요일)"

  יוֹם חֲמִישִׁי [yom hamishi 욤 하미쉬]

◆ "Friday(금요일)"

שִׁשִׁי יוֹם [yom shishi 욤 쉬쉬]

◆ "Saturday(토요일)"

שַׁבָּת [shabat 샤바트]

◆ "Sunday(일요일)"

רִאשׁוֹן יוֹם [yom ri'shon 욤 리숀]

달과 계절
חֳדָשִׁים וְעוֹנוֹת
호다쉼 베오노트

- ◆ "January(1월)"

  יָנוּאַר [yanu'ar 야누아르]

- ◆ "February(2월)"

  פֶבְּרוּאַר [pebru'ar 페브루아르]

- ◆ "March(3월)"

  מֶרְס [marss 마르쓰]

- ◆ "April(4월)"

  אַפְּרִיל ['apuhril 아프릴]

◆ "May (5월)"

מַאי [ma'y 마이]

◆ "June(6월)"

יוּנִי [yuni 유니]

◆ "July(7월)"

יוּלִי [yuli 율리]

◆ "August(8월)"

אוֹגוּסְט ['ogusst 오구쓰트]

◆ "September(9월)"

סֶפְּטֶמְבֶּר [sseptember 쎕템베르]

◆ "October(10월)"

אוֹקְטוֹבֶּר ['oktober 옥토베르]

◆ "November(11월)"

נוֹבֶמְבֶּר [nobember 노벰베르]

◆ "December(12월)"

דֶצֶמְבֶּר [dezzember 데쩸베르]

◆ "Spring(봄)"

אָבִיב ['abib 아비브]

- ◆ "Summer(여름)"

  קַיִץ [kayizz 카이쯔]

- ◆ "Autumn(가을)"

  סְתָיו [ssetayv 쎄타이브]

- ◆ "Winter(겨울)"

  חֹרֶף [horep 호레프]

주요 절기와 인사말

חַגִּים וְאִחוּלִים

하김 베이훌림

- "Christmas(크리스마스)"

  חַג הַמּוֹלָד [hag hamolad 하그 하몰라드]

- "Passover(유월절)"

  פֶּסַח [pessah 페싸흐]

- "Feast of the Tabernacles(장막절)"

  סֻכּוֹת [ssukot 쑤코트]

- "Hanukka(유대교 성전정화 기념 제전 혹은 성전 헌당 기념 일)"

  חֲנֻכָּה [hanukah 하누카]

◆ "New year(신년)"

רֹאשׁ הַשָּׁנָה [ro'sh hashanah 로쉬 하샤나]

◆ "Day of Atonement(속죄일)"

יוֹם כִּפּוּר [yom kipur 욤 키푸르]

◆ "Happy New Year(즐거운 새해 혹은 행운의 새해)!"

שָׁנָה טוֹבָה [shanah tobah 샤나 토바]

◆ "Happy holiday(즐거운 휴일 혹은 즐거운 축일)!"

חַג שָׂמֵחַ [hag ssameah 하그 싸메아흐]

or מוֹעֲדִים לְשִׂמְחָה [mo'adim lessimhah 모아딤 레씸하]

◆ "All the best(그럼 안녕! 혹은 행운이 있기를!)!"

כָּל טוּב [kol tub 콜 투브]

◆ "Congratulations(축하합니다)!"

מַזָּל טוֹב [mazal tob 마잘 토브]

날씨

מֶזֶג הָאֲוִיר

메제그 하아비르

* "How is the weather today(오늘 날씨가 어떻습니까)?"

אֵיךְ מֶזֶג הָאֲוִיר הַיּוֹם

['eyk mezeg ha'avir hayom 에이크 메제그 하아비르 하욤]

* "Is it cold(날씨가 춥습니까)?"

הַאִם קַר

[ha'im kar 하임 카르]

* "Is it fair(날씨가 맑습니까)?"

הַאִם נְעִים [ha'im na'im 하임 나임]

- "Is it hot(날씨가 덥습니까)?"

הַאִם חַם [ha'im ham 하임 함]

- "Is it raining(비가 옵니까)?"

הַאִם יוֹרֵד גֶשֶׁם

[ha'im yored geshem 하임 요레드 게쉠]

- "Is it snowing(눈이 옵니까)?"

הַאִם יוֹרֵד שֶׁלֶג

[ha'im yored sheleg 하임 요레드 쉘레그]

- "Is it sunny(햇볕이 내리쬐는 맑은 날씨입니까)?"

הַשֶׁמֶשׁ זוֹרַחַת

[hashemesh zorahat 하쉐메쉬 조라하트]

- "Is it very warm(날씨가 매우 따뜻합니까)?"

הַאִם חַם מְאֹד

[ha'im ham me'od 하임 함 메오드]

- "I want to sit in the shade(나는 그늘진 곳에 앉고 싶습니다)."

אֲנִי רוֹצָה לָשֶׁבֶת בַּצֵל (여자가 말할 때)

['ani rozzah lashebet bazzel 아니 로짜 라쉐베트 바쩰]

אֲנִי רוֹצֶה לְשֶׁבֶת בַּצֵּל (남자가 말할 때)

['ani rozzeh lashebet bazzel 아니 로쩨 라쉐베트 바쩰]

- ◆ "In the sun(양지에)"

בַּשֶּׁמֶשׁ [bashemesh 바쉐메쉬]

제12부
기타

수(기수)

מִסְפָּרִים

미쓰파림

- "One(1)"

  אֶחָד ['ehad 에하드] or אַחַת ['ahat 아하트]

- "Two(2)"

  שְׁנַיִם [shenayim 쉐나임] or שְׁתַּיִם [shetayim 쉐타임]

- "Three(3)"

  שְׁלֹשָׁה [sheloshah 쉘로샤] or שָׁלֹשׁ [shalosh 샬로쉬]

◆ "Four(4)"

אַרְבָּעָה [’arba‘ah 아르바아] or אַרְבַּע [’arb‘a 아르바]

◆ "Five(5)"

חֲמִשָּׁה [hamishah 하미샤] or חָמֵשׁ [hamesh 하메쉬]

◆ "Six(6)"

שִׁשָּׁה [shishah 쉬샤] or שֵׁשׁ [shesh 쉐쉬]

◆ "Seven(7)"

שִׁבְעָה [shibuh‘ah 쉬브아] or שֶׁבַע [sheba‘ 쉐바]

◆ "Eight(8)"

שְׁמֹנָה [shemonah 쉐모나] or שְׁמֹנֶה [shemoneh 쉐모네]

◆ "Nine(9)"

תִּשְׁעָה [tish‘ah 티쉬아] or תֵּשַׁע [tesha‘ 테샤]

◆ "Ten(10)"

עֲשָׂרָה [assarah 아싸라] or עֶשֶׂר [esser 에쎄르]

◆ "Eleven(11)"

אַחַד־עָשָׂר [’ahad ‘assar 아하드 아싸르]

or אַחַת־עֶשְׂרֵה [’ahat ‘essreh 아하트 에쓰레]

- ◆ "Twelve(12)"

שְׁנֵים־עָשָׂר [sheneym 'assar 쉐네임 아싸르]

or שְׁתֵּים־עֶשְׂרֵה [sheteym 'essreh 쉐테임 에쓰레]

- ◆ "Thirteen(13)"

שְׁלֹשָׁה־עָשָׂר [sheloshah 'assar 쉘로샤 아싸르]

or שְׁלֹשׁ־עֶשְׂרֵה [shelosh 'essreh 쉘로쉬 에쓰레]

- ◆ "Fourteen(14)"

אַרְבָּעָה־עָשָׂר ['arba'ah 'assar 아르바아 아싸르]

or אַרְבַּע־עֶשְׂרֵה ['arba' 'essreh 아르바 에쓰레]

- ◆ "Fifteen(15)"

חֲמִשָּׁה־עָשָׂר [hamishah 'assar 하미샤 아싸르]

or חֲמֵשׁ־עֶשְׂרֵה [hamesh 'essreh 하메쉬 에쓰레]

- ◆ "Sixteen(16)"

שִׁשָּׁה־עָשָׂר [shishah 'assar 쉬샤 아싸르]

or שֵׁשׁ־עֶשְׂרֵה [shesh 'essreh 쉐쉬 에쓰레]

- ◆ "Seventeen(17)"

שִׁבְעָה־עָשָׂר [shibuh'ah 'assar 쉬브아 아싸르]

or שְׁבַע־עֶשְׂרֵה [sheba' 'essreh 쉐바 에쓰레]

- ◆ "Eighteen(18)"

שְׁמֹנָה־עָשָׂר [shemonah ʻassar 쉐모나 아싸르]

or שְׁמֹנֶה־עֶשְׂרֵה [shemoneh ʻessreh 쉐모네 에쓰레]

- ◆ "Nineteen(19)"

תִּשְׁעָה־עָשָׂר [tishʻah ʻassar 티쉬아 아싸르]

or תְּשַׁע־עֶשְׂרֵה [teshaʻ ʻessreh 테샤 에쓰레]

- ◆ "Twenty(20)"

עֶשְׂרִים [ʻessrim 에쓰림]

- ◆ "Twenty-one(21)"

עֶשְׂרִים־וְאֶחָד [ʻessrim veʼehad 에쓰림 베에하드]

or עֶשְׂרִים־וְאַחַת [ʻessrim veʼahat 에쓰림 베아하트]

- ◆ "Twenty-two(22)"

עֶשְׂרִים־וּשְׁנַיִם [ʻessrim ushenayim 에쓰림 우쉐나임]

or עֶשְׂרִים־וּשְׁתַּיִם [ʻessrim ushetayim 에쓰림 우쉐타임]

- ◆ "Thirty(30)"

שְׁלֹשִׁים [sheloshim 쉘로쉼]

- ◆ "Thirty-one(31)"

שְׁלֹשִׁים־וְאֶחָד [sheloshim veʼehad 쉘로쉼 베에하드]

or שְׁלֹשִׁים־וְאַחַת [sheloshim ve'ahat 쉘로쉼 베아하트]

♦ "Forty(40)"

אַרְבָּעִים ['arba'im 아르바임]

♦ "Fifty(50)"

חֲמִשִּׁים [hamishim 하미쉼]

♦ "Sixty(60)"

שִׁשִּׁים [shishim 쉬쉼]

♦ "Seventy(70)"

שִׁבְעִים [shibuh'im 쉬브임]

♦ "Seventy-one(71)"

שִׁבְעִים־וְאֶחָד [shibuh'im ve'ehad 쉬브임 베에하드]
or שִׁבְעִים־וְאַחַת [shibuh'im ve'ahat 쉬브임 베아하트]

♦ "Eighty(80)"

שְׁמֹנִים [shimonim 쉬모님]

♦ "Eighty-one(81)"

שְׁמֹנִים־וְאֶחָד [shemonim ve'ehad 쉐모님 베에하드]
or שְׁמֹנִים־וְאַחַת [shemonim ve'ahat 쉐모님 베아하트]

◆ "Ninety(90)"

תִּשְׁעִים [tish'im 티쉬임]

◆ "Ninety-one(91)"

תִּשְׁעִים־וְאֶחָד [tish'im ve'ehad 티쉬임 베에하드]

or תִּשְׁעִים־וְאַחַת [tish'im ve'ahat 티쉬임 베아하트]

◆ "One hundred(100)"

מֵאָה [me'ah 메아]

◆ "Two hundred(200)"

מָאתַיִם [ma'tayim 마타임]

◆ "One thousand(1000)"

אֶלֶף ['elep 엘레프]

◆ "Two thousand(2000)"

אַלְפַּיִם ['alpayim 알파임]

◆ "Today's date is eleven(오늘의 날짜는 11일이다)."

הַתַּאֲרִיךְ שֶׁל הַיּוֹם הוּא אַחַד־עָשָׂר

[hata'arik shel hayom hu' 'ahad 'assar 하타아리크 쉘 하욤 후 아하드 아싸르]

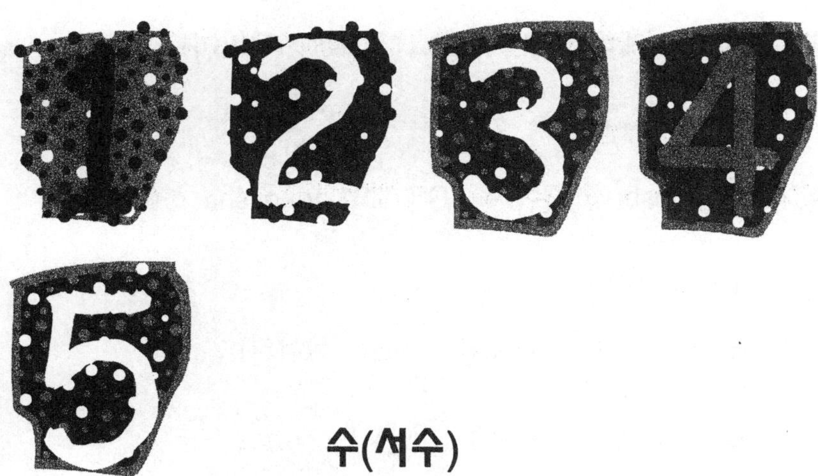

수(서수)

מִסְפָּרִים סְדוּרִיִּים

미쓰파림 씨두리이임

◆ "First(첫번째)"

רִאשׁוֹן [ri'shon 리숀] or רִאשׁוֹנָה [ri'shonah 리쇼나]

◆ "Second(두번째)"

שֵׁנִי [sheni 쉐니] or שְׁנִיָּה [sheniyah 쉐니야]

◆ "Third(세번째)"

שְׁלִישִׁי [shelishi 쉘리쉬] or שְׁלִישִׁית [shelishit 쉘리쉬트]

◆ "Fourth(네번째)"

רְבִיעִי [rebi'i 레비이] or רְבִיעִית [rebi'it 레비이트]

◆ "Fifth(다섯번째)"

חֲמִישִׁי [hamishi 하미쉬] or חֲמִישִׁית [hamishit 하미쉬트]

◆ "Sixth(여섯번째)"

שִׁשִּׁי [shishi 쉬쉬] or שִׁשִּׁית [shishit 쉬쉬트]

◆ "Seventh(일곱번째)"

שְׁבִיעִי [shebi'i 쉐비이] or שְׁבִיעִית [shebi'it 쉐비이트]

◆ "Eighth(여덟번째)"

שְׁמִינִי [shemini 쉐미니] or שְׁמִינִית [sheminit 쉐미니트]

◆ "Ninth(아홉번째)"

תְּשִׁיעִי [teshi'i 테쉬이] or תְּשִׁיעִית [teshi'it 테쉬이트]

◆ "Tenth(열번째)"

עֲשִׂירִי [assiri 아씨리] or עֲשִׂירִית [assirit 아씨리트]

생활용품

חֶפְצֵי יוֹם־יוֹם

헤프쎄이 욜-욜

* "The ash tray(담배 재떨이)"

הַמַּאֲפֵרָה [hama'aperah 하마아페라]

* "The basket(바구니 혹은 광주리)"

הַסַּל [hassal 하쌀]

* "The bobby pins([단발 머리를 고정시키는] 헤어핀 혹은 머리핀)"

סְכּוֹת הָרֹאשׁ [ssikot haro'sh 씨코트 하로쉬]

- "The bottle opener(병따개)"

מַפְתֵּחַ הַבַּקְבּוּקִים

[mapuhteah habakuhbukim 마프테아흐 하바크부킴]

- "The box(상자)"

הַתֵּבָה [hatebah 하테바]

- "The bracelet(팔찌)"

הַצָּמִיד [hazzamid 하짜미드]

- "The light bulb(백열전구)"

הַנּוּרִית [hanurit 하누리트]

- "The candy(사탕)"

הַסֻּכָּרִיָּה [hassukariyah 하쑤카리야]

- "The can opener(깡통따개)"

מַפְתֵּחַ הַפַּחִיּוֹת

[mapuhteah hapahiyot 마프테아흐 하파히요트]

- "The china(도자기)"

הַחַרְסִינָה [haharssinah 하하르씨나]

"The cloth(천 혹은 헝겊)"

הַבַּד [habad 하바드]

* "The clock(시계)"

הַשָּׁעוֹן [hasha'on 하샤온]

* "The compact(콤팩트[휴대용 분갑])"

הַפּוּדְרִיָּה [hapuduhriyah 하푸드리야]

* "The cotton(솜)"

הַכֻּתְנָה [hakutuhnah 하쿠트나]

* "The absorbent cotton(탈지면)"

צֶמֶר הַגֶּפֶן [zzemer hagepen 쩨메르 하게펜]

* "The cork([병의] 코르크 마개)"

הַפְּקָק [hapuhkak 하프카크]

* "The corkscrew([병의]마개뽑이 혹은 코르크마개 뽑는 타래 송곳)"

הַמַּחְלֵץ [hamahalezz 하마할레쯔]

* "The cuff links(커프스 단추)"

כַּפְתּוֹרֵי הַשַּׁרְווּל

[kapuhtorey hasharvul 카프토레이 하샤르불]

* "The cushion(쿳션 혹은 방석)"

הַכַּר [hakar 하카르]

◆ "The doll(인형)"

הַבֻּבָּה [habubah 하부바]

◆ "The earrings(귀고리들)"

הָעֲגִילִים [ha'agilim 하아길림]

◆ "The embroidery(자수)"

הָרִקְמָה [harikmah 하리크마]

◆ "The flashlight(섬광등 혹은 회전등)"

הַפָּנָס [hapanass 하파나쓰]

◆ "The chewing gum(추잉검 혹은 껌)"

הַמַּסְתִּיק [hamasstik 하마쓰티크]

◆ "The handbag(핸드백 혹은 손가방)"

הָאַרְנָק [ha'arnak 하아르낙]

◆ "The hairnet(헤어네트)"

רֶשֶׁת הַשְׂעָרוֹת

[reshet hass'arot 레쉐트 하쓰아로트]

◆ "The iron(철 혹은 다리미)"

הַמַּגְהֵץ [hamaguhhezz 하마그헤쯔]

◆ "The jewelry ----- gold, sliver(보석류 ----- 금, 은)"

הַתַכְשִׁיטִים ----- זָהָב כֶּסֶף

[hatakuhshitim zahab kessep 하타크쉬팀 자하브 케쎄프]

◆ "The lace(끈 혹은 레이스)"

הַתַּחְתִים [hatahuhrim 하타흐림]

◆ "The leather(가죽)"

הָעוֹר [ha'or 하오르]

◆ "The linen(리넨 혹은 아마직물, 면제품)"

הַפִּשְׁתָן [hapishtan 하피쉬탄]

◆ "The mirror(거울)"

הָרְאִי [haruh'i 하르이]

◆ "The musical instruments(악기)"

כְּלִי הַנְגִינָה [keley hanginah 켈레이 한기나]

◆ "The sheet music(낱장 악보)"

הַתָוִים [hatavim 하타빔]

◆ "The mosquito net(모기장)"

רֶשֶׁת הַיַתּוּשִׁים

[reshet hayatushim 레쉐트 하야투쉼]

◆ "The nail file(손톱줄)"

מַבְרֵד הַצִּפָּרְנַיִם

[mabuhred hazziparnayim 마브레드 하찌파르나임]

◆ "The necklace(목걸이)"

הָעֲנָק [ha'anak 하아나크]

◆ "The needle(바늘)"

הַמַּחַט [hamahat 하마하트]

◆ "The notebook(노트 혹은 공책)"

הַפִּנְקָס [hapinkass 하핀카쓰]

◆ "The oil painting(유화)"

צִיּוּר הַשֶּׁמֶן [zziur hashemen 찌우르 하쉐멘]

◆ "The pail(들통)"

הַדְּלִי [hadli 하들리]

◆ "The penknife(펜나이프 혹은 소형 주머니 칼)"

הָאוֹלָר [ha'olar 하울라르]

◆ "The perfume(향수)"

הַבֹּשֶׂם [habossem 하보쎔]

◆ "The pin(핀)"

הַסִּכָּה [hassikah 하씨카]

◆ "The radio(라디오)"

הַמַּקְלֵט [hamakuhlet 하마클레트]

or הָרַדְיוֹ [haraduhyo 하라드요]

◆ "The phonograph records(레코드 플레이어 혹은 축음기)"

הַתַּקְלִיטִים [hataklitim 하타클리팀]

◆ "The ring(반지 혹은 고리)"

הַטַּבַּעַת [hataba'at 하타바아트]

◆ "The rubbers or overshoes(고무로 만든 덧신 혹은 오버슈즈)"

הַמַּגָּפַיִם [hamagapayim 하마가파임]

◆ "The rug([바닥의] 깔개)"

הַשָּׁטִיחַ [hashatiah 하샤티아흐]

◆ "The scissors(가위들)"

הַמִּסְפָּרַיִם [hamissparayim 하미쓰파라임]

◆ "The screw(나사 혹은 볼트)"

הַבֹּרֶג [haboreg 하보레그]

◆ "The silk(실크)"

הַמֶּשִׁי [hameshi 하메쉬]

◆ "The silverware(은 그릇)"

כְּלִי הַכֶּסֶף

[keley hakessep 켈레이 하케쎄프]

◆ "The precious stone(귀석(貴石) 혹은 보석)"

הָאֶבֶן הַיְקָרָה [ha'eben hayekarah 하에벤 하예카라]

◆ "The stopper([병, 통의] 마개)"

הַפְּקָק [hapuhkak 하프카크]

◆ "The tablecloth(식탁보)"

מַפַּת הַשֻּלְחָן [mapat hashulhan 마파트 하슐한]

◆ "The thimble([재봉용] 골무)"

הָאֶצְבָּעוֹן [ha'ezzba'on 하에쯔바온]

◆ "The thread(실 혹은 바느실)"

הַחוּט [hahut 하후트]

◆ "The toys(장난감들)"

הַצַּעֲצוּעִים [hazza'azzu'im 하짜아쭈임]

◆ "The umbrella(우산)"

הַמִּטְרִיָּה [hamitriyah 하미트리야]

◆ "The vase(꽃병)"

הַצִּנְצֶנֶת [hazzinzzenet 하찐쩨네트]

◆ "The whiskbroom(양복솔)"

מַטְאֲטֵא הַיָּד [matuh'ate' hayad 마트아테 하야드]

◆ "The wire(철사 혹은 전선)"

חוּט הַבַּרְזֶל [hut habarzel 후트 하바르젤]

◆ "The wood(나무)"

הָעֵץ [ha'ezz 하에쯔]

◆ "The wool(양모 혹은 털실)"

הַצֶּמֶר [hazzemer 하쩨메르]

부록

1. 이스라엘 성지순례 3000년 역사

2. 이스라엘 여행 및 유익한 생활정보

이스라엘 성지순례 3000년 역사

　우리는 누구나 미지의 세계를 여행해 보고 싶어하며, 새로운 세계를 보면서 인생의 교훈과 소중한 정보를 얻고자 한다. 많은 사람들은 지금 세계를 지배하고 있는 강대국인, 미국, 영국, 독일등의 국가를 여행하고 싶어한다. 그러나 우리는 역사상 숨겨진 값진 보물처럼 사람들 눈에 잘 띄지 않으면서도, 강력한 힘을 소유하고 있는 인류 역사상 잊을 수 없는 나라, 창조주 하나님이 임재한 나라, 이스라엘을 우리는 결코 잊어서는 안될 것이다. 우리의 일생중에 한번쯤은 하나님의 선민으로 부름을 받아 유구한 역사를 자랑하고 있는 이스라엘 나라를 방문해 보아야 할 것이다.

　여행에 관한 한 이스라엘 민족과 나라는 세계에서 가장 오래된 역사와 전통을 지니고 있다. 3000년 전에 솔로몬 왕이 예루살렘에 성전을 건축한 이래 유대인들은 정기적으로 성전에서 하나님께 드리는 제사에 참석하는 신성한 종교적 의무를 지켜 왔다. 성전이 세워진 자리는 바로 먼 옛날 아브라함이 이삭을 번제로 제사를 드리려던 모리아산이었고, 창조주 하나님과 아브라함의 계약이 맺어진 장소이다. 성경학자들은 수백만의 유대인 성인들이 일년에 세 차례 유월절, 오순절, 장막절(수장절)에 예루살렘에 올라가 제사와 예식을 행하던 성지 순례의 전통이 2500년 전부터 이어져 왔다고 한다. 예루살렘성의 북쪽과 남쪽에 초대형 텐트가 세워져 이들 순례객들의 숙소로 사용되었다. 히브리어로 슐로샽-하레갈림 (Shloshat Haregalim, 세 번의 다리품)으로 일컬어지는 매년 세 번의 예루살렘 순례 의무는 성전에 꼭 걸어서 올라가야 하는 것에서 유래되었는데 유대문화의 핵심적인 전통이 되었다. 중세시대에는 동유럽국가로부터 소수의 경건한 유대인들이 성지순례를 위해 이스라엘을 찾았다. 메카에 성지순례를 한 사람에게 하지(Haj)라는 존칭을 이름 앞에 붙이는 회교의 관 습처럼 성지 순례를 마친 유대인에게 “Drei Fuss”(독일어로 Three Feet)라는 존칭을 붙였고 혹자는 독일계 유대인 성 Dreyfus(드라이푸스)도 여기에서 유래되었다고 설명하기도 한 다. 주후 70년 로마제국에 의해 성전이 파괴된 이후 종교적 인 유대인들의 성지 순례는 성전폐허의 잔재에서 이루어졌다. 수세기동안 고통의 기도와 비탄의 한숨을 말없이 지켜보던 “통곡의 벽”은 성전의 잔재 중 유일하게 남아있는 성전 서쪽 벽으로 유대인 예루살렘 성지 순례의 대표적인 장소가 되었 다.

기독교의 눈부신 발전은 이스라엘 땅에 새로운 성지순례 의 장을 열게 하였다. 4세기 비잔틴 로마제국의 기독교 공인 과 더불어 당시 콘스탄틴 황제와 그의 어머니 헬레나는 324 년 성지를 찾아 이스라엘 순례를 하고 그리스도교의 성지를 확인하게 되었다. 예수 그리스도의 탄생, 수 많은 기적, 십자 가형과 부활들 예수 그리스도의 발자취가 역사에 드러나는 중요한 계기가 된 것이다. 헬레나 성녀를 통해 실제 이러한 놀라운 사건들의 현장을 300년 후에야 찾게 된 것이지만, 이는 이스라엘에 전해져 내려오던 전승과 증언을 통해 이루어졌고, 몇몇 장소는 아직까지도 진위 여부에 대한 논란이 계속되고 있다. 예를 들어 예루살렘에 예수님 십자가형과 부활의 장소로 알려진 예수님 무덤교회는 그 진위여부에 대해 오랫동안 논쟁이 있었지만 최근 고고학자들과 역사학자들은 이 교회가 신약성서에서 전해지고 있는 아리마데 요셉의 가족묘지 안에 있는 진짜 예수님 무덤일 것이라는데 의견을 같이 하고 있다. 그러나 많은 그리스도인들에게 예수님과 관련된 성지들의 위치의 정확성이 그렇게 큰 의미를 지니고 있지 않다. 사실 이러한 논란들은 고작 수백미터 거리의 차이를 의미할 따름인 것이다. 가장 본질적이고 중요한 것은 2000년 전에 하나님의 아들이신 예수 그리스도께서 죄인을 구원하기 위하여 친히 십자가에 못박히고 무덤에서 부활하시고 승천하셨다는 역사적인 사실이다.

이스라엘 성지순례의 또 다른 국면은 서기 600년경 메카와 메디나에서 시작된 모하메드의 가르침을 기원으로 한 이슬람 종교이다. 사우디 아라비아에서 시작되어 중동과 북아프리카 그리고 스페인과 발칸반도로 퍼져나간 이슬람 종교의 3대 주요성지 중의 하나가 바로 예루살렘인 것이다. 유대교, 그리스도교, 그리고 이슬람 종교는 유일신 사상을 중심으로 한 같은 맥락의 종교로 예언자들과 중요 사건들을 공유하고 있다. 예루살렘 성전이 세워진 모리아산은 이슬람교에서 아브라함이 이삭이 아닌 그의 형 이스마엘을 번제제사 지내려 하였다는 장소로 이슬람 신앙의 중심지이다. 뿐만 아니라 그로부터 2600년 후에 모하메드가 승천한 장소로 전해진다. 현재 볼 수 있는 성전산 위에 있는 웅장한 회교 사원은 7세기 회교도에 의해 건축된 것이다. 2차 성전 자리에는 한동안 폐허로 있다가 6세기 비잔틴 제국의 유스티니안 황제에 의해 세워진 성마리아 대성당이 들어섰다. 그 후 회교도에 의해 바위사원이 먼저 지어졌고 오마르 사원이 증축되어 모슬렘 교도들이 예루살렘 성지순례를 위해 찾아 올 때 기도의 장소로 사용되었다.

중세기 유럽에서 시작된 성지회복 운동은 십자군 전쟁을 유발하였고, 이스라엘은 기독교의 성지로 재강조 되었지만 참혹한 전쟁의 역사를 치루게 하였다. 기독교인들은 평화의 왕인 예수님의 이름으로 성지 회복을 추구한 반면에 이미 예루살렘에 살고 있었던 많은 유대인들과 회교들과의 마찰로 참혹한 전쟁의 아픔을 역사에 남겼다. 십자군들이 성지순례의 전통과 역사를 이어온 것은 이스라엘에 현재까지 남아있는 수 많은 교회 건물들과 성채들, 그리고 수도원들을 통해서 생생하게 목격할 수 있다.

1291년 십자군이 마지막으로 떠난 후에도 그리스도교, 유대교, 회교, 성지순례자들은 이스라엘에 계속 찾아왔다. 1800년 현재 팔레스타인 땅으로 알려져 있고 블레셋 땅으로 성경에 나타나는 이스라엘은 오스만 터어키 제국의 미약한 변방에 불과할 정도로 역사의 뒤안길에 자리매김을 하고 있었다. 그러나 근대에 들어서서 세계 여행객들이 늘어나면서부터 이스라엘 성지 순례도 보다 활발해지기 시작했다. 영국에서는 킹레이크의 성지 순례 여행기록이 많은 호응을 불러일으켰고, 19세기의 베스트셀러가 되었다. 마크 트웨인의 '팔레스타인 여행기'는 특히 미국에서 이스라엘에 대한 관심을 고조시키는 계기가 되었다. 19세기에는 팔레스타인 땅과 서방 국가가 연결되었을 뿐만 아니라, 전세계에 흩어져 살던 유대인들이 시오니즘(Zionism)의 영향을 받아 이스라엘 땅으로 이주하는 시대의 서막이 오르게 되었다. 1840년 예루살렘은 서기 70년 로마에게 예루살렘이 멸망된 이후 처음으로 유대인이 타민족보다 숫자가 많아지는 해가 되었다. 샤론 평야와 갈릴리 호수 주위에 유대인들이 농업을 시작하여 정착촌 키부츠를 건설하기 시작했다. 1869년 여행사 '토마스 쿡'은 처음으로 나귀와 낙타, 텐트, 카펫트, 가구 등의 장비를 갖춘 첫 번째 성지 순례단과 모험단을 이스라엘에 보냈다. '아메리칸 익스프레스' 여행사도 곧 그 뒤를 따랐다. 1876년 칼 베데커는 처음으로 성지 순례 가이드 책자인 "예루살렘과 그 주변"이라는 책을 저술하였다. 1829년 오스만 터어키는 욥바에서 예루살렘까지 약 60Km 거리의 구불구불한 철도를 건설하였다 1899년에는 독일의 황제 빌헬름의 예루살렘 방문을 기념하여 예루살렘에 최초로 철도역이 건설되었다. 변동의 세기 말에 예루살렘 욥바 문 근처에 파스타 호텔이 여행자들을 위해 최초로 건설되었다. 1917년 대영제국이 팔레스타인 땅의 통치를 맡게 되자 1920년대 후반까지 수 많은 유대인 이주자들과 순례자들을 포함한 여행객들이 늘기 시작했다. 고대 항구인 욥바는 텔아비브 도시로 확산되었고 "바우하우스"라는 지중해 건축양식이 인상적인 지중해 도시로 발전되었다. 욥바항이 바다를 통하는 요새의 항구인 반면 텔아비브는 지중해를 안고 카페와 해변, 크고 작은 호텔들, 산책로들이 이어지는 도시로 새로운 모습을 갖추기 시작했다. 1930년에는 이집트에서 많은 유대인들이 집단으로 이주해오기 시작하고 텔아비브는 서서히 이스라엘 최대 도시의 면모를 갖추게 되면서, 아름다운 현대의 도시가 되어 여행 장소로 매우 좋은 위치를 차지하기 시작했다.

세계 제2차대전이 진행되며 유럽에서 유대인 육백만 학살사건이 일어날 즈음에 환란을 피해 이스라엘로 왔던 유대인들, 그리고 유대인 수용소에서 생존한 유대인들이 이스라엘에 이주하여 1878년 이라는 세월이 흐른 후 처음으로 이스라엘 독립국가의 기틀을 마련하게 된다. 그러나 1948년 이스라엘의 독립선포는 주변의 아랍국가들로부터 즉각적인 침략을 촉발시켜 독립 전쟁을 겪게 되었다. 유럽과 북아프리카, 이라크, 이란, 예멘에서 입지를 잃은 유대인들은 조상의 땅 이스라엘을 찾아오게 되었다. 이들을 데려오기 위해 전쟁의 상흔을 지닌 비행기들이 개조되어 엘 알 이스라엘 항공사의 첫 번째 비행기로 사용되었다. 엘 알은 선지서 호세아에서 언급되는 말로써 "하늘을 향하여"라는 의미를 지니고 있다. 이스라엘은 건국 후 10여년 동안 새로운 국가를 건설하고 국토를 방어하며, 수백만의 이민자들을 정착시키는 국가적인 노력을 경주하면서 관광에 대한 관심을 기울일 여력이 없었다. 그러나 1956년 이스라엘 엘 알 국립항공이 국제 항공사로서 모습을 갖추게 되었고 1953년 프리드만 가족이 텔아비브 해변에 디럭스 호텔인 "단 호텔"을 건설하였다. 이스라엘 정부에서도 투자자들을 유치하여 예루살렘에 킹 데이비드(King David) 호텔을 재건하였고 서서히 이스라엘은 성지를 찾는 방문객들을 맞을 준비를 갖추고 있었다.

1957년 이스라엘은 건국 10주년을 기념하였다. 이 때에는 이스라엘 정부가 재원과 인력을 관광산업에 쏟을 준비가 되어 있었다. 당시 수상실의 테디 콜텍(10년 후 예루살렘 시장이 됨)이 주도하여 건국 10주년 기념행사에 많은 외빈과 관광객을 유치하는 계획이 세워졌다. 1958년 여러 유대 민족 기구들에서 이스라엘 방문 프로그램을 만들어 전세계에 있는 유대인들이 고국방문을 할 수 있는 프로그램도 개발되었다. 특히 유대계 미국인들인 "샬롬"이라는 뮤지컬 코미디의 영향을 받아 대규모로 이스라엘을 방문하였다. 이듬해 텔아비브에 쉐라톤 호텔이 세워져 주요 국제 호텔 체인이 이스라엘에 도입되는 계기가 되었다.

40년이 더 흐른 후 이제 이스라엘은 건국 52주년을 기념한다. 이제 이스라엘은 연간 250만명 이상의 방문객이 찾아오는 서구적이면서도 중동의 향취를 지닌 관광 매력지로 부상하였다. 1957년 이스라엘 정부가 수립했던 관광 진흥 정책이 이제 열매를 맺고 있는 것이다. 이제 관광업은 이스라엘의 주요 외화 획득원이다. 엘 알 항공은 세계 40여개 국가와 통하는 직항 항로를 지니고 이스라엘의 관문 벤구리온 국제 공항과 연결하고 있다. 1948년 독립이후 1967년까지 분단된 도시였던 이스라엘의 수도 예루살렘은 솔로몬왕이나 헤롯왕 이후 가장 번성하고 있다. 텔아비브는 금융과 비즈니스 중심 도시로서 수 많은 레스토랑(restaurant)과 쇼핑센타와 위락시설로 하루 24시간 "쉬지 않는 도시"라는 별명을 지니게 되었다. 1948년 초라한 국경 수비대의 초막만 있었던 이스라엘 남단의 항구도시 에일랏은 이제 눈부신 태양과 아름다운 산호 해변을 찾아 북구에서 겨울 관광객이 특별 전세기로 몰려오는 유명한 피한의 도시가 되었다. 세계에서 가장 낮은 사해(Dead Sea)에는 수많은 호텔들과 건강휴양소 및 미용센타가 개발되어 전 세계의 방문객을 맞고 있다. 이스라엘의 독창적인 거주 형태인 키부츠에는 수많은 방문객들이 호기심을 지니고 찾아오고 있으며, 많은 키부츠들은 본격적으로 관광사업에 진출하고 있다. 이스라엘 전역 특히 북부 갈릴리 지역에는 많은 키부츠들이 호텔과 게스트하우스(Guest House)를 건설하였다. 뿐만 아니라 유대인들과 함께 살고 있는 아랍인들과 소수 민족들도 그들의 특이한 생활상을 소개하는 하숙과 숙박사업을 시작하였다. 음식 문화에서도 이스라엘의 다양함과 광범위한 선택 반경은 유명한 프랑스 음식 전문지 "Gault Millau"에서도 특별히 주목할 만한 음식 문화로 소개되고 있을 정도이다. 그러나 오늘날 역시 가장 많은 방문객들에게 이스라엘은 여전히 성지(Holy Land) 순례의 땅으로 자리잡고 있다. 유대교 성지를 찾아오는 수백만의 유대인들과 그리스도교 성지를 찾아오는 수백만의 기독교인들, 그리고 최근 중동의 정치 변화에 따라 이스라엘을 찾아오는 회교성지 순례자들이 이스라엘 방문객의 대부분을 차지하고 있다.

이스라엘을 찾은 방문객들에게 이스라엘의 특별한 매력과 독특한 낭만은 성지 순례 외에도 관광지로서 다가가고 있다. 성지 순례의 기반이 거의 없는 일본과 인도 등지에서는 이스라엘을 건강 휴양지나 문화, 역사 방문지로서 찾는 관광객들이 늘어나고 있다. 세계 언론에서 특별한 주목과 관심을 받고 있는 이스라엘의 현실이 관광업에는 그리 반가운 상황은 아니지만 그런 악조건에도 불구하고 이스라엘의 관광산업은 꾸준한 발전을 이룩하고 있다. 중동에 진정한 평화가 찾아오는 날 이스라엘의 관광 산업은 활짝 꽃을 피울 것이다. 1979년 캠프 데이비드 협정과 1993년 팔레스타인 자치정부 수립, 그리고 1994년 이웃 요르단과의 평화 협정 등으로 이어지는 일련의 발전은 중동 평화의 앞날을 기대하게 해 준다.

이스라엘 건국 후 52년이 지난 이스라엘의 관광산업은 이제 새로운 도전에 직면하고 있다. 이제 새로운 밀레니엄(millennium)을 맞이하여, 특히 이스라엘은 그리스도교 2000년의 행사로 분주하다. 2000년 전 예수 그리스도께서 태어나시고 기독교를 일으킨 땅이 바로 나사렛과 이스라엘 땅이기 때문인 것이다. 이스라엘은 2000년 밀레니엄을 즈음하여 약 500만명 이상의 기독교인 순례자들이 이스라엘을 찾을 것으로 예측하고 있다. 지난 50년 동안의 경험과 축적된 지식을 총동원하여 이스라엘을 찾는 이들에게 불편함이 없도록 최선의 준비와 노력을 경주하고 있다. 이스라엘 관광산업의 현재 능력으로는 다소 힘겨운 임무가 될 것이지만, 이스라엘 건국의 아버지인 초대 수상 벤 구리온이 한 말, 즉, "기적을 믿지 않는 사람은 진정한 현실주의자가 아닙니다."라는 이 말은 우리에게 용기를 준다.

이스라엘 여행 및 유익한 생활정보

입출국 절차 - 여권과 비자

여권(Passport)은 여행자의 국적을 증명하는 증서이며, 항공기나 배 또는 자동차로 가고자 하는 나라를 안전하게 통과함은 물론, 보호받을 수 있기를 해당국에 요청하는 공식문서입니다. 따라서 여권은 정부에서 발행하는 국제적인 신분증명서이기 때문에 여행중에는 항상 소지해야 합니다.

비자는 가고자 하는 나라의 입국 허가증으로 상대국의 공관이 순례 여행자가 그 나라에 입국할 수 있도록 본국 관계당국에 추천하는 서류입니다. 따라서 여권에 입국허가 조건과 같이 비자도 스템프가 찍히고 주재국 공관장의 서명이 되어 있습니다.

통상 여권(Passport)은 단순한 신분증명서이므로 나라에 따라서는 비자가 없으면 입국할 수 없는 경우도 있습니다. 이스라엘은 우리 대한민국과 비자협정이 되어있기 때문에 성지순례 내지는 여행목적으로 입국하는 경우에는 사전 비자를 필요로 하지 않습니다.

그러나 이스라엘 입국 시 공항에서 1-3개월간의 체재비자를 발급하려면 여권의 유효기간이 3개월 이상이 되어야 하므로, 필히 사전에 여권 유효기간을 점검해야 합니다. 특히, 이스라엘에서 육로를 통해 요르단이나 이집트로 가고자 하는 경우에는 해당국가의 입국 비자를 사전에 받아야 하므로 세심하게 주의 할 점이 있습니다. 그것은 통상 입국 시에는 입국카드를 기입하고 비자를 받는데, 이때 주의할 점이 여권에 스탬프를 찍지 않도록 해야 한다는 것입니다.

왜냐하면 이스라엘 입국도장이 있으면 이집트나 요르단 이외의 아랍 여러국가에는 입국할 수 없기 때문입니다. 따라서 관계직원에게 여권을 제시할 때 여권이 아닌 입국카드에 스탬프를 찍어 달라고 요청해야 합니다.

입출국 절차 - 이스라엘 입국코스

여행자가 어떤 방식의 여행을 갖고자 하느냐에 따라서 이스라엘에 들어가는 방법도 달라질 수 있습니다.

짧은 기간에 보다 많은 것들을 보고자 하시는 분들이나 이스라엘만 주로 돌아보고 싶으신 분들에게는 항공편이 보다 편리합니다.

그러나 그리스, 이탈리아, 터키, 프랑스, 스페인 등 지중해 주요 제국들을 여유를 가지고 여행하시고자 하는 분들에게는 바다를 통하여 이스라엘로 들어가는 방법도 비용이 적게 들고 더욱 즐거운 일일 수 있습니다. 또한 이란, 이라크, 요르단, 이집트 등 중동의 여러나라들을 더 알고 싶거나 이

지역일대의 고대유적에 관심을 가진 분들은 버스여행을 통하여 국경을 넘는 방법도 가능합니다.

항공여행 (air journey)

비행기로의 여행은 이스라엘의 관문인 텔아비브(Tel Aviv)의 벤구리온 국제공항을 통하는 25개 이상의 여러나라 항공사가 정규운항하고 있으므로 많은 여행객들이 주로 이곳을 통하여 입국하고 있습니다.

한편 유럽의 일부 여행사의 경우는 이스라엘 남쪽에 위치한 오브다(Ovda)와 에일랏(Eilat) 국제공항을 이용하기도 합니다.

● 각 공항의 전화번호
텔아비브(Tel Aviv) : 03-971-0000
오브다(Ovda) : 07-6375881
에일랏(Eilat): 07-6363830/6363838

특별히 이스라엘에 전세항공기 등 특별기로 가는 경우에는 도착(E.T.A) 48시간 전에 이스라엘 항만청으로 전신(Cable) 또는 AFTN 메세지나 팩스밀리(Fax)등으로 필요한 허가 절차를 거쳐야 합니다.

Israel Airports Authority P.O.Box : 137 Ben Gurion International Airport 700100 Lod

Tel : 03-9710111 Fax : 03-9711908 Telex : 381003

Tel Co IL Cable Address : Memteufa Ben Gurion Airport

이스라엘 국영 엘·알(EL·AL)항공사는 김포와 텔아비브 공항 간의 항로 및 유럽연결의 중심 역할을 하고 있으며, 성지순례 여행이나 각종 여행에 관한 자세한 운항정보를 제공하고 있습니다.

● 엘·알(EL·AL) 이스라엘 항공사

주소 : 서울 . 중구 소공동 91-1 서울센터빌딩 302호

Tel : (02)778-3351, Fax : (02)755-3565

해상여행 (A sea journey)

바다를 통해서 이스라엘에 들어가는 길은 여러 항로가 있습니다.

그 중에서도 이탈리아, 그리이스, 터키 등에서 운행되는 이스라엘의 하이파(Haifa)행 배편이 특히 애용되고 있습니다. 여름철인 경우 선실이 아닌 갑판을 이용하면 훨씬 적은 비용으로 여행할 수 있는데 이때에는 반드시 기온이 낮아지는 것을 대비하여 침낭이 준비되어야 합니다.

그리이스 피레우스 항구에서 하이파까지는 통상 배에서 3박을 해야 합니다. 이탈리아에서는 브린디지에서 출항하고 있지만 직행편이 아니고 경유지가 있으므로 결국 그리이스에서 바꾸어 타야합니다.

이스라엘 여행 계절인 여름철과 겨울간에는 약간의 운항 코스나 운항편수에 차이가 있지만 매주 한두 편은 있습니다.

● 그리이스와 이스라엘간의 페리전문 대행사
그리이스 : Olympia, 4 Filellinon St. Athens. Tel : (01)3233176
이스라엘 : Jacob Caspi사. Natan Kaiserman St Haifa Tel : (04)674444

특별히 요트 등 별도의 개별선박으로 이스라엘에 들어가고자 하는 경우에는 여러 선착장을 이용하여 통과할 수 있는데, 이 경우는 국경통과에 따른 제반 통과절차를 거쳐야 합니다.

이와 같이 특별선박으로 이스라엘에 입국할 때는 통과하고 싶은 선착장에 사전 연락을 하여 통과선박에 대한 세부자료를 제출하고 수주일 전에 예약절차를 마쳐야 합니다.

● 요트등 개별선박이 이용할 수 있는 선착장
아타림(Atarim Tel Aviv) : Tel 03-5272596, Fax 03-5272466
야포/야파(Jafo/Jaffa) : Tel 03-6820772, Fax 03-6831337
악고/(Akko/Acre) : Tel 04-9919287, Fax 04-8258382
엘랏(Elat) : Tel 07-6367186, Fax 07-6370082
헤르젤리아(Herzelia) : Tel 09-9565595, Fax 09-9565593
아스클론(Ashkelon) : Tel 07-6750061, Fax 07-6750061

육로여행 (A land journey)

육로를 통하여 이스라엘에 들어갈 수 있는 길은 이집트 와 요르단으로부터 밖에 없습니다. 이때 이집트를 경유할 경 우에는 라피아, 니자나, 타바 국경을 통해 입국할 수 있으며, 요르단을 경유 할 때는 알렌비 다리, 요르단강 다리, 아라바 터미날을 통해 입국할 수 있습니다.

입출국 절차 - 입국절차

이스라엘에 도착하면 입국 확인절차가 있게 되는데, 순 례, 여행자가 여권과 출입국 신청서를 제출하면 입국관리가 여권에 비자 스탬프를 찍어 줍니다. 여행자가 이스라엘 여행 을 마치고 인접 아랍국으로 계속 여행을 하기 위하여 여권에 이스라엘 입국 스탬프가 찍히는 것을 원하지 않을 때에는, 미리 입국 관리에게 말해주면 별지에 스탬프를 찍어 주므로 이점을 착안하시는 것이 좋겠습니다.

입국 시 때로는 보안검색이 실시되는데 이는 여행객의 보호와 안전을 위해서 주기적으로 하는 통상적인 일이므로 불편한 일로 여기지 말고 협조하여 주는 것이 바람직스럽습 니다.

입출국 절차 - 통관절차(customs)

이스라엘 공항에는 녹색 통관대와 적색 통관대가 있습니다. 녹색 통관대는 사전신고가 필요 없는 물품만을 소지했을 경우 사용하며, 적색 통관대는 사전신고 품목이 있는 경우에 사용합니다.

● 입국시 사전 신고가 필요 없는 물품 목록

개인용 의류 점퍼, 모자, 침낭, 긴 바지 등

주 류 코냑 1리터이하, 포도주 2리터이하(17세 이상 여행자에 한함)

향 수 1인당 0.25리터이하

담 배 250개피 이하, 엽연초 250g이하(17세 이상 여행자에 한함)

선물류 미화 150$까지 면세

식 품 3kg까지 면세(단일품목당 1kg이하)

비디오 촬영장비, 컴퓨터, 각종 공구류, 잠수기구 등

동물, 식물, 화학류, 미가공 원자재류 등

개인 승용차 및 오토바이 등(통관 후 1년 이내 출국과 동시반출을 요함)

● 차량 반입에 관한 사항 문의처

Department of Customs, 32 Argon St. 91002 Jerusalem. Tel : 02-703333

입출국 절차- 체류기간 연장(Extending Your Stay)

이스라엘 성지 순례 또는 일반 여행을 할 경우, 체류기간을 연장해야 하는 경우가 수시로 발생할 수 있습니다. 통상 단체 여행 시에는 거의 발생하지 않으나, 개별 여행 시에는 불가피한 사정이 발생했거나, 보다 더 많은 곳을 둘러보고 싶어할 경우에는 어쩔 수 없이 체재기간 연장의 필요성을 느끼게 되는데, 이 때에는 이스라엘 내무부 지방 사무소에서 이스라엘 체류기간을 연장 신청할 수 있습니다.

● 체류기간연장 행정업무를 취급하는 내무부 지방사무소가
있는 도시
아풀라(Afula), 악고(Akko/Acre), 아스클론(Ashqelon)
브엘셰바(Beer Sheva), 엘랏(Elat), 하데라(Hadera),하이파(Haifa),
헤르젤리아(Herzelia), 홀론(Holon), 예루살렘(Jerusalem),
나사렛(Nazareth), 나타니아(Netanya), 페타티크바(PetahTiqva),
라마트간(Ramat Gan), 람라(Ramla), 레호봇(Rehovot),
사페드(Safed), 텔아비브(Tel Aviv), 티베리아스(Tiberias)

기본준비사항- 예방접종

이스라엘은 여행객과 방문객들에게는 특별한 예방접종을 요구하지 않습니다. 그러나 여행객과 같이하는 애완동물의 경우 생후 4개월 이상이어야 하고 광견병 예방을 위한 사전 접종이 요구되며, 출발국의 공식적인 인정기관에서 발행한

해당 애완동물의 건강 진단서가 필수적입니다. 이 때 애완동물의 건강 진단서는 영문으로 작성되어야 합니다.

기본준비사항- 필수용품들

이스라엘 여행시 미리 준비해야 할 의류 등의 제반 필요한 용구들은 계절에 따라 다르게 해야 합니다.

● 하절기 **4월 ~ 10월**

가벼운 여름옷, 반바지, 반팔셔츠, 가벼운 구두, 운동화, 샌달, 선글라스, 모자(필수),수영복, 긴소매, 웃옷과 긴바지(서늘한 밤에 이용)

● 동절기 **11월 ~ 3월**

코트, 스웨터, 우산 또는 우의, 모자, 구두, 운동화, 겨울옷, 수영복

● 환절기 **3월 ~ 4월, 10월 ~ 11월**

스웨터, 따뜻하고 가벼운 옷

기본준비사항- 전기기구 사용

이스라엘의 각종 전기기구는 220V, 단상, 50Hz를 사용하고 있습니다. 따라서 대부분의 전기 소켓은 3개의 구멍을 지닌 방식이므로 전기면도기나 헤어드라이어 등의 전기기구를 소지할 경우에는 미리 관련 어뎁터를 준비하는 것이 좋습니다.

알아둬야 할 현지정보- 통신

〈우체국〉 Postal Service

이스라엘의 우체국은 세계우정기구의 규정에 따라 우정 관련사무가 이루어지며 우체국에는 각종 우편물에 대한 가격표가 게시되어 있습니다. 중앙우체국에는 우편물 송치제도가 있어서 C/O Poste Restante 이름을 쓰고 우편물을 보내면 일정한 주소가 없는 관광객도 우편물을 받을 수가 있고, EMS (Overseas Express Mail: 해외 속달 우편)라는 72시간 이내 배달하는 국제탁송제도를 운영하고 있으며 우편 전신환은 어느 우체국에서나 환전이 가능합니다.

● 우체국 이용시간

일요일 ~ 목요일: 오전 8시 ~ 정오까지

　　　　　　　　　　오후 3시30분 ~ 오후 6시30분까지

수요일: 오전 8시 ~ 오후 1시30분까지

금요일과 휴일: 전날 오전 8시 ~ 정오까지

안식일과 주요 휴일 휴무

〈전화〉 Telephone

이스라엘의 공중전화는 텔레카드라고 부르는 전화카드를 우체국이나 각 지역에 설치된 자동판매기를 이용하여 구입합니다. 레스토랑이나 일반 상점에서 전화를 할 경우에는 다소 비싸게 지불해야 합니다. 우리나라처럼 전화카드를 이용하는 공중전화기가 점점 더 보편적으로 쓰이고 있습니다.

● 장거리 및 국제전화 이용장소

예루살렘 **: 3 Koresh St. 236 Jaffa Road**
일요일-목요일 : 오전 8시 ~ 오후 9시까지
금요일 : 오전 8시 ~ 오후 2시까지

텔아비브 **: 13 Fishman St.**
일요일-목요일 : 오전 9시 ~ 오후 11시까지
금요일 : 오전 8시 ~ 오후 2시30분까지
토요일 : 오후 6시30분 ~ 자정까지

신용카드를 이용하는 국제전화 사용과 해외 콜렉트콜의 경우 일반 공중 전화를 통하여 수신자 부담의 국제전화를 할 수 있습니다.

이스라엘의 국제전화코드는 972이며 외국에서 이스라엘로 전화를 하는 경우는 지역코드의 0을 빼고 합니다. 예를 들어 한국에서 이스라엘의 02-7075678번으로 전화를 할 경우 001-972-2-7075678로 하면 됩니다. 이스라엘 전화국은 매년 상반기에 영문으로 된 전화번호부를 발행하여 주요 도시의 우체국에 비치하고 있습니다.

〈팩스,전보,텔렉스〉 Fax,Telegraph,Telex

이스라엘 중앙 정보국은 팩스, 전보, 텔렉스 서비스를 24 시간 운영하며, 안식일과 휴일에도 서비스가 제공됩니다.

● 팩스,전보,텔렉스 서비스 장소
텔아비브 : 7 Mikve Israel Street
예루살렘 : 23 Jaffa Road
하이파 : 22 Haneviim Street
브엘셰바 : 9 Hanesiim Street(브엘셰바는 오전 7시 30분 - 오후 7시에만 운영)

알아둬야 할 현지정보- 긴급연락

〈응급치료 긴급 연락〉 Emergency Assistance

응급치료 긴급연락 번호 - Tel : 101
Red Star of David(다비드의 붉은 별)

이스라엘의 의료수준은 매우 높을 뿐만 아니라 대부분의 의사들이 영어를 구사하고 있으며 다른 외국어도 통용되고 있습니다. 따라서 이스라엘의 응급치료 긴급 조치는 매우 훌륭하게 이루어지고 있습니다. 매일 일간신문에 긴급 야간 응급치료 당직병원이 발표되고 있으며 야간 당직약국과 치과병

원도 함께 발표되고 있습니다.

● 주요 응급 치료 연락처

중환자 및 앰블란스
텔아비브(Tel Aviv) - Tel : 03-546-0111
예루살렘(Jerusalem) - Tel : 02-6523133
하이파(Haifa) - Tel : 04-8522222
에란(Eran) 정신병 응급치료
긴급연락번호 - Tel : 1201
어린이 정신병 긴급 연락 - Tel : 03-6961113
기타 응급치료
Shahal 심장병 환자 응급치료 - Tel : 03-562-5555
Psagot 정신 신경 응급치료 - Tel : 03-728105
<경찰 긴급 연락> Police Emergency
경찰 긴급 연락 번호 - Tel : 100

이스라엘 경찰은 각 주요 도시와 관광지에 관광전문 경찰관이 배치되어 있어 신속하게 관광객의 편의를 도와주고 있습니다.

<화재 긴급연락> Fire Emergency
화재 긴급 연락번호 - Tel : 102

알아둬야 할 현지정보 - 화폐/외환

이스라엘의 화폐단위는 세켈(Shekel)과 아고롯(Agorot)으로 1세켈은 100아고롯이며 지폐는 200 Shekel, 100 Shekel, 50 Shekel이 있고 동전은 10 Shekel, 5 Shekel, 1Shekel,1/2 Shekel, 10 Agorot이 있습니다.

환율은 1달러당 약 4.3세켈(1999년 12월) 정도이며 연동적으로 운영됩니다. 이스라엘에서는 외화 반입과 반출에 거의 규제가 없으나 이스라엘 화폐를 출국과 동시에 외환으로 환전하는 경우 500달러 이상일 때에는 외환을 이스라엘 화폐로 환전한 근거서류를 제시해야하며 환전은 5,000 달러까지 가능하므로 환전 영수증은 잘 보관해야 합니다.

이스라엘에서는 주요 외국환과 신용카드가 광범위하게 사용되는데 카드는 AMEX Card, Diner's Club, Visa Card, Master Card, Access Card, Euro Card 등이 대체로 사용가능하며 경우에 따라서는 현금 서비스도 받을 수 있으나 사전에 거래은행에서 확인할 것을 추천합니다.

이스라엘 은행은 여행자가 자유롭게 거래계좌를 개설할 수 있으며 카드지정 거래 은행일 경우에는 현금 인출 및 제반 필요 서비스를 받을 수 있습니다.

대부분의 은행은 일요일에서 목요일까지는 오전 8시 - 오후 12시30분까지 개점하고 일요일, 화요일, 목요일에는 추가로 오후 4시 - 오후 6시까지 개점합니다.

기본생활정보 - 교통

개인버스여행

이스라엘에서는 가장 발달한 교통수단이 버스이고 전국 어느 곳이건 버스가 운행되고 있습니다. 버스는 에게드(Egged)와 단(Dan)이라는 반민 반관의 협동조합 형태의 회사가 독점하고 있는데, 이스라엘 정부에서 일부 보조를 해주고 있기 때문에 요금은 다른 물가에 비하여 상당히 싼편입니다.

에게드 버스는 이스라엘내 모든 노선을 운행하며, 단 버스는 텔아비브에서만 운행되고 있습니다. 특히 에게드 버스 회사는 한달간의 버스 승차권을 판매하고 있는데 주요 도시 버스터미널의 에게드 버스여행 승차권 판매대(Egged Tours Desk)에서 구입할 수 있습니다.

도시와 도시사이를 연결하는 장거리 운행버스는 중앙 버스터미널(Central Bus Terminal)을 기점으로 하고 있는 것이 대부분입니다. 예루살렘이나 텔아비브 등의 대도시에서는 버스터미날이 도시 중심부에서 멀리 떨어져 있기 때문에 터미널까지는 시내버스를 이용해야 하며, 장거리 버스표는 모든 승차장 부근의 버스승차권 판매소에서 미리 구입하면 편리합니다.

● 도시간 버스 노선 및 운행시간 안내
Tel Aviv : Tel 03-5375555
Haifa : Tel 04-8549555

개인택시여행

이스라엘의 각 도시를 운행하는 택시는 대부분이 중형택시이고 미터기가 부착되어 있는 것이 많으며 무선설비가 장치되어 있어 전화호출이나 길에서 손을 들어 이용할 수가 있습니다.

택시요금은 미터기에 나타난 대로 지급하는 것을 원칙으로 하고 있으며, 영수증을 발급 받을 수 있습니다. 택시요금 산정방법은 도시간을 이동할 경우는 정부 고시가격에 따르는데 통상 3단계 요금계산 방법이 적용됩니다.

● 택시요금 계산방법
전화 호출시부터 승차때까지의 요금
승차후 행선지까지의 정상운행요금
야간 및 휴일의 할증요금 : 25%
(밤9시-새벽5시,안식일,공휴일에 적용)

합승택시로서는 7인승용 대형벤츠가 있는데, 이는 공항~예루살렘간과 예루살렘, 베들레헴간 등 중장거리를 운행하는 것으로, 요금은 거리에 따라 다르지만 일반택시보다 훨씬 싸서 버스요금과 별 차이가 없으므로 이용할 가치가 있습니다.

● 택시를 지칭하는 통상적인 표현
일반 중형택시 등 : 스페셜(Special)
대형 7인승 합승택시 : 세롯(Sherut)

● 택시와 관련한 불편 신고처

텔아비브등 및 중부지역

29 Yehuda Hayamit St. 68134 Yafo. Tel : 03-5657272 Fax: 03-5657216

예루살렘 및 남부지역

97 Zaffa Road(Box867), 91008, Jerusalem. Tel : 02-6228456 Fax: 02-6228452

하이파 및 북부지역

121 Zaffa Road(Box9794), 31097, Haifa. Tel : 04-8526107 Fax: 04-8511621

개인기차여행

이스라엘 철도청은 텔아비브(Tel Aviv) — 헤르젤리아(Herzleya) — 나타니아(Natanya) — 하데라(Hadera) — 하이파(Haifa) — 악고(Akko, Acce) — 나하리아(Nahariya) 노선과 예루살렘(Jerusalem) — 텔아비브(Tel Aviv) 노선을 정규 운행하고 있으나 안식일과 공휴일에는 운행하지 않고 있습니다. 기차를 이용하는 여행객은 별로 많지 않습니다. 예루살렘에서 텔아비브를 거쳐 하이파까지는 운행횟수가 적으며, 텔아비브에서 예루살렘에 갈 때에도 이용객이 별로 많지 않습니다.

● 기차운행시간 및 요금 문의처
텔아비브: Tel 03-6937515/5652200
하이파 : Tel 04-564564/8303133
예루살렘: Tel 02-6733764

이스라엘 국내항공편

이스라엘 국내 항공편은 아르키아 이스라엘 항공사 (Arkia Israel Airlines Ltd.)와 썬나이트 항공사(Sunnite Aviation)에서 주요 도시간을 운행하고 있으며 보다 더 빠른 여행을 하고자 할 경우 이용할 수 있습니다.

● 이스라엘 국내 항공편 운행노선
Arkia israel Airlines Ltd.(정규운행)

예루살렘(Jerusalem)　　→ 텔아비브(Tel Aviv)
　　　　　　　　　　　　→ 하이파(Haifa)
　　　　　　　　　　　　→ 로쉬피나(Rosh Pina)
　　　　　　　　　　　　→ 엘랏(Elat)

텔아비브(Tel Aviv)　　　→ 예루살렘(Jerusalem)
　　　　　　　　　　　　→ 로쉬피나(Rosh Pina)
　　　　　　　　　　　　→ 엘랏(Elat)
　　　　　　　　　　　　→ 마사다(Masada)

하이파(Haifa)　　　　　→ 예루살렘(Jerusalem)
　　　　　　　　　　　　→ 텔아비브(Tel Aviv)
　　　　　　　　　　　　→ 엘랏(Elat)

엘랏(Elat)　　　　　　　→ 예루살렘(Jerusalem)

→ 텔아비브(Tel Aviv)

→ 하이파(Haifa)

마사다(Masada)   → 텔아비브(Tel Aviv)

운행시간·요금·예약문의 Tel: 03-690222

우리나라에서는 엘알(EL-AL)이스라엘 항공에서 이스라엘 국내선인 아르키아의 예약도 함께 취급하고 있습니다.

● 엘·알(EL·AL) 이스라엘 항공사

주소 : 서울 . 중구 소공동 91-1 서울센터빌딩 302호

Tel : (02)778-3351, Fax : (02)755-3565

Sunnite Aviation

텔아비브(Tel Aviv) - 마하나임(Mahanayim)

운행시간·요금·예약문의 Tel: 03-6993184 Arkia: Tel 03-6902222

렌트카 이용

이스라엘의 주요 도시와 텔아비브 벤구리온 공항에는 대부분의 국제 렌터카 업체 및 현지 렌터카 업체가 사무소를 두고 있습니다. 렌터카를 이용하고자 할 경우에는 21세이상이어야 하고, 국제 운전면허증과 국제 신용카드의 소지가 필수적이며, 사전예약을 해야 합니다. 자세한 내용은 현지 지역별 여행안내소를 통하여 획득할 수 있습니다.

기본생활정보- 숙박

이스라엘에는 300여개의 호텔이 있습니다. 작고 간단하게 꾸며져 있는 경제적인 호텔부터 초호화 고급호텔까지 있기 때문에 여행객의 취향, 여행목적, 준비예산에 따라 적합한 호텔을 선택하실 수가 있습니다. 호텔 이용가격은 등급과 계절에 따라 다르고, 가격표시는 미화(US$)로 표기되어 있으며, 15%의 서비스 수수료가 포함되어 있지 않은 가격이므로 참고하셔야 합니다.

키부츠호텔

키부츠는 이스라엘의 독특한 경제구조로서 20세기 초 이스라엘 개척기에 탄생하였으며 평등과 공동사회주의 원칙을 기초로한 영구적인 농촌생활방식으로 발전하였습니다. 따라서 키부츠에서는 모든 재산이 공동소유이며, 소속 회원은 보수를 받지 않고 일하는 대신 거주장소, 자녀교육, 의료혜택, 생활 필수품등을 제공받습니다. 키부츠는 대부분 농업을 주업으로 하고 있지만 차츰 산업경제체제로 바뀌어 가고 있습니다.

이스라엘 전역에는 약 250개의 키부츠가 있습니다. 이들 키부츠 중 중부 및 북부의 일부 키부츠에서는 호텔을 건립 운영하고 있는데, 이러한 키부츠 호텔을 이용할 경우 공동사회형태를 경험할 수 있는 기회를 가질 수 있습니다. 키부츠호텔은 대부분이 1급 내지는 2급 호텔인데, 여기서는 그들의 여유 있고 한가로운 농촌분위기를 느낄 수 있으며, 일부

키부츠에서는 저녁에 키부츠생활에 대한 특별 프로그램을 운
영하기도 합니다. 키부츠호텔을 이용하기 위하여 보다 더 상
세한 자료가 필요할 경우에는 이스라엘 정부 관광국 서울사
무소나 이스라엘 키부츠호텔 연합에 문의하시면 됩니다.

● 키부츠호텔에 관한 문의처

이스라엘 정부 관광국 서울사무소
서울특별시 종로구 수송동 146-1 이마빌딩 400-36호
Tel : (02)733-1021-7, 738-0882
Fax : (02)733-1028, 723-5776, 736-5193

이스라엘 키부츠 호텔 연합
Kibbutz Hotels, 90 Ben Yehuda St.
P.O.Box 3193, 61031 Tel Aviv.
Tel : 03-5246161, Fax : 03-5278088

유스호스텔

이스라엘 전역에 있는 약 30여개의 유스호스텔은 국제
유스호스텔 연맹과 연결되어 있고, 모든 연령층이 이용할 수
있으며, 대부분 식사가 가능합니다. 특히 어린이가 있는 경우
에는 가족단위 예약도 가능하고 셀프서비스 부엌시설도 준비
되어 있어 아주 편리하게 이용할 수 있습니다.

유스호스텔 예약은 개인예약 방법과 단체예약 방법을 다

르게 운영하고 있는데, 개인예약은 희망 유스호스텔에 직접
하고, 단체예약은 이스라엘 유스호스텔 연합(YHA)을 통해서
해야 합니다. 한편 이스라엘 유스호스텔 연합에서는 14일, 21
일, 28일간의 개별 패키지 여행상품(Israel on The Youth Hostel
trail)도 개발 취급하고 있는데, 이 유스호스텔 개별 패키지여
행은 숙박, 조식, 석식, 버스사용(무제한), 반나절 관광, 이스
라엘 공원 무료 입장, 여행지도와 각종 정보자료 등이 포함
된 것입니다.

● 이스라엘 유스호스텔 연합(YHA)

Israel Youth Hostels Association,

1 Shazar St. Jerusalem.

Tel : 02-6558400, Fax : 02-6558430

휠드스쿨

이스라엘의 자연보호협회(SPNI)에서는 이스라엘 전역에
26개의 휠드스쿨을 운영하고 있으며, 휠드스쿨은 각각 특정
지역의 자연생태와 역사를 전달하고 있습니다. 휠드스클은
인구가 밀집한 지역에서 멀리 떨어진 곳에 위치하고 있으므
로 대부분이 자체 숙박시설과 식사시설이 완비되어 있습니다.
따라서 여행객이 이러한 휠드스쿨을 이용할 경우 산악과 사
막 여행시 아주 특이한 경험을 할 수 있습니다. 휠드스쿨이
용에 관한 자세한 정보과 예약을 위해서는 이스라엘 자연보

호협회(SPNI)로 문의합니다.

● 이스라엘 자연보호협회**(SPNI)**

SPNI Tourist, Service 4 Hashefela Street, 66183 Tel Aviv.

Tel : 03-6388688, Fax : 03-6877695

기독교 숙박시설

전세계에서 이스라엘을 찾는 순례객의 수가 해마다 늘어남에 따라, 각 기독교 교단에서는 해당 순례객을 위한 숙박시설을 운영하고 있습니다. 따라서 기독교 순례객들은 이스라엘 순례자위원회(IPC)를 통하여 이용할 수 있으며, 매우 경제적으로 모든 편의를 제공받을 수 있습니다.

● 이스라엘 순례자위원회**(IPC)** 주소

Israel Pilgrims Committee,

P.O. Box 1018,91009, Jerusalem

예루살렘 여행자 정보안내소 Tel : 02-258844

Jaffa Gate TIO Tel : 02-6280382

기독교 여행정보 센타 Tel : 02-6272692 Fax : 02-6286417

휴양지 시설

이스라엘에는 여러곳의 휴양 단지가 있습니다. 이 휴양

지의 호텔단지를 찾아가면 훌륭한 숙박시설과 함께 수영, 수상스키, 스킨 스쿠버 다이빙, 항해, 승마, 테니스 등의 스포츠 시설을 편리하게 이용할 수 있습니다. 특히 이 휴양단지에서는 저녁 특별 프로그램이 운영되는데 대부분 젊은 사람들을 위한 야외활동으로서 개방적인 분위기가 특징이며 주로 여름철에 많이 운영되고 있습니다.

캠프장시설

이스라엘 전역에 캠핑장소를 갖추고 있습니다. 각 캠핑장소에는 위생시설, 전기시설, 음식점, 편의점, 전화, 우체국, 응급시설, 캠파이어시설, 수영장 등이 마련되어 있으며 24시간 안전점검반이 운영되고 있습니다. 또한 대부분의 캠프장에는 텐트장과 대여가 가능한 카라벤이 있고, 경우에 따라서는 방도 빌릴 수가 있으며, 버스, 개인승용차, 카라벤 등을 위한 주차시설이 완벽하게 구비되어 있습니다. 이스라엘 야영협회(ICO)에서는 7일, 14일, 21일, 28일 단위의 패키지도 제공하고 있으므로 보다 더 자세한 정보 및 자료는 이스라엘 야영협회(ICO)로 문의해야 합니다.

● 이스라엘 야영협회**(ICO)**
Israel Camping Organization,
Mishmar Ha Shiva Tel Aviv
Tel : 03-9604524, Fax : 03-9604712

방 대여

이스라엘 농촌지역의 키부츠나 모샤브에서는 여행객들에게 방을 대여해 주는 곳이 많습니다. 자세한 정보 및 자료는 각 지역별 관광안내소에 문의하시기 바랍니다.

건강 휴양지

고대로부터 이스라엘의 특이한 자연환경은 건강휴양지로서도 유명합니다. 광물질이 풍부한 사해(Dead Sea), 자연피부 미용 및 치료에 활용되는 진흙요법, 유황온천, 건조하고 온난한 기후 등은 이스라엘 특수지역을 천혜의 자연치료요법 장소로 만들어 주고 있습니다.

주요 자연치료 요법장소는 갈릴리 호수 주변과 사해지역에 집중되어 있습니다. 갈릴리호수는 지리적으로 해저 200m에 있으며 사해는 해저 400m에 위치한 지구상에서 가장 낮은 지역으로 공기 중 산소의 함유량이 세계에서 제일 높습니다. 주요 건강 휴양지의 자연치료 효과는 다음과 같습니다.

● 티베리아스 온천지**(The Tiberias Hot Springs)**
근육 및 관절질환치료, 외상치료, 정맥류 등 각종 질병치료에 그 효과가 매우 높습니다.

● 조하르 온천지**(Zohar Hot Springs)**
사해의 네베조하르(Neve Zohar)지역의 온천장들로 근육질환 치료, 관절질환치료, 외상치료, 호흡기계통의 알레르기 치료, 피부 질환치료 등에 월등합니다.

● 예사 온천지**(Yesha Hot Springs)**

사해, 기부츠[엔게디]의 남부지역으로 근육 및 관절치료 등에
뛰어납니다.

● 엔 보켁**(En Bokek)**

사해남단 제베조하르 온천지 북쪽 7km 위치한 지역으로
건선치료의 국제센타가 위치하고 있습니다.

● 아라드**(Arad)**

해발 620m의 유대 산악지대에 있는 사막도시로 신선하고
건조하며, 깨끗한 공기는 천식, 알레르기, 호흡기 계통 질환
등에 지대한 효과가 있는 휴양지입니다.

● 하메 요아브 온천지**(Hame Yoav Themal Baths)**

아스클론 주위의 가부츠 사데 요야브(Sade Yoav)에 최근
개발된 온천지로 건강에 매우 유익한 미네랄 성분이 풍부한
온천수가 다단계 욕장에 넘쳐 흘러 다양한 온도의 온천욕을
즐길 수 있습니다.
연락처(Tel) : 07-6722184

기본생활정보 – 쇼핑

　관광객들이 주로 이용하는 많은 상점들에는 이스라엘 관
광부에서 추천한 표시가 있으며 이러한 추천상점은 제반 상
품들의 품질관리 및 서비스규정을 준수하고 있으므로 손쉽게
이를 이용하실 수 있습니다.

관광부 추천 상점에서 취급하는 상품은 보석류, 오리엔탈 양탄자류, 각종 고급의류, 가죽제품류, 현대서화, 골동품류, 도자기류, 수예품류, 수공예유리제품, 올리브나무를 이용한 목공예품류, 일상용품류 등으로 매우 다양 합니다. 이스라엘의 주요 특산물로는 올리브나무 이용 수제품, 자개수예품, 가죽제품, 수공예 유리제품 등으로 여행객들로부터 많은 호평을 받고 있으며, 특히 예루살렘 등 주요 큰 도시에서는 오리엔탈시장과 바자를 방문할 수 있고 그 곳에서의 상품구입은 또 색다른 즐거움을 가질 수 있게 해줍니다. 한편 벤구리온, 엘랏, 오브다 국제공항에는 면세점이 있어 보다 더 저렴하게 상품을 구입할 수 있습니다.

상점개점시간

대부분의 이스라엘 상점들은 일요일-목요일은 오전9시-오후7시 까지 개점하고 있는데, 종종 오후1시-4시 사이에 문을 닫기도 합니다. 한편 금요일과 휴일 전날에는 오전에만 개점하고, 회교계 상점은 금요일에 폐점하고, 기독교계 상점은 일요일에 폐점합니다.

부가가치세

이스라엘에서는 모든 상품과 서비스에 부가가치세(V.A.T)가 부과되고 있는데 각각의 표시된 가격에 이미 포함되어 있습니다. 부가가치세의 과세비율은 1997년 기준 17% 입니다. 여행객이 외국환으로 각종 상품구입 및 서비스 비용을 지불할 경우에는 부가가치세가 면제되는데, 그 대상 품목은 일반호텔 숙박비, 유스호스텔 숙박비, 휠드스쿨 숙박비, 캠핑장 숙박비, 그룹여행경비, 가이드가 포함된 차량 대여비, 렌터카 이용비, 국내선 항공료, 그룹여행시 제공식대, 호텔 투숙객의 호텔식사비 등입니다. 한편, 엘랏(Elat)은 면세도시로서 여행객에게는 부가가치세가 완전히 면제됩니다.

외환구매 할인 및 부가가치세

이스라엘 관광부가 추천하며 지정표시가 있는 상점에서 외국화폐로 상품을 구입하는 경우 상품금액의 5%에 해당하는 금액을 할인 받을 수 있는데, 담배, 전기전자제품, 카메라 등 사진용구 등의 제품은 제외되고 있습니다. 부가가치세를 지불한 경우 환불을 위해서는 각 상점에서 식품구입시 부가가치세 환불 신청서를 작성하여 투명 비닐봉투에 상품과 함께 신청서를 넣어 밀봉하고, 출국시 공항 면세구역에 있는 「Bank Leumi VAT Refund」 창구에 제시하면, 담당관이 봉투를 개봉하여 스탬프를 날인한 후 신청서를 접수, 신청서에 명기된 주소로 부가가치금액을 송금해 줍니다. 이때, 일정 수수료를 계산하여 공제합니다.

기본생활정보 - 골동품

이스라엘에서는, 서기 1700년 이전에 인간에 의하여 만들어진 물품은 법률에 의하여 골동품으로 규정되어 있으므로, 골동품의 국외 반출은 이스라엘 정부 문화재관리당국 국장이 서명한 허가서가 없이는 금지되어 있습니다. 한편, 허가절차

를 거쳐 골동품을 국외로 반출한 경우에는 구입가액의 10%
에 해당하는 금액이 허가시 수출세로 부과되며, 이스라엘 문
화재 관리당국은 수출을 허가함에 있어 골동품의 진품여부를
보증하지는 않는다는 것을 참고해야 합니다.

● 이스라엘 골동품관리당국

The Antiquities Authority Rockefeller Museum, P.O.Box 586,

91004 Jerusalem

Tel : 02-292627, 02-292607 Fax : 02-292628,

기본생활정보 - 음식과 식당 (Food & Restaurant)

이스라엘에는 매우 다양한 음식과 위생적인 식당이 많습
니다. 식당은 레스토랑, 스낵바, 페스트푸드점, 전통 중동요리
점 등이 있고, 햄버거, 핫도그, 피자도 손쉽게 찾을 수 있으
며, 과일과 채소는 연중 다양하고 풍부합니다. 또한 이스라엘
에서 생산되는 포도주 등 각종 주류도 우수한 질로 유명합니
다. 각 식당의 메뉴표는 히브리어와 영어로 비치되어 있고
가격표는 법률에 의해 식당 입구에 표시하도록 되어 있습니
다. 한편 계산서에 팁이 포함되지 않은 경우엔 식대의 10%
정도의 팁을 지불하는 것이 일반적인 관행입니다. 이스라엘
의 독특한 음식으로 한 번쯤 시식해 볼 만한 몇 가지 음식을
소개하면 다음과 같습니다.

● 피타 **Pitta**

지중해 연안과 중동지역의 독특한 빵으로서 직경이 10-15cm 정도로 둥굴고 얇으며, 반으로 쪼개면 마치 주머니처럼 속에 구멍이 나있는데, 거기에 샐러드와 고기 등 여러 가지를 넣어서 샌드위치처럼 만들어 먹습니다.

같은 피타 종류로서 피타 이라키(이라크의 피타)는 직경이 50cm정도로 훨씬 넓으며 얇은데, 이것을 샌드위치 식으로 하고자 할 때는 내용물들을 그대로 돌돌말아 싸서 먹으면 됩니다.

● 베가레 **Begale**

타원형의 도넛을 크게 만든 것과 비슷한 빵으로 길가 노점에 쌓아놓고 팔고 있는데, 참깨가 많이 붙어 있어 냄새가 매우 좋습니다.

크기는 작은 것이 길이가 25cm정도이고, 큰 것은 70cm정도인 것도 있으며, 이 빵을 살 경우 신문지에 향료(자아타)도 함께 싸서 줍니다.

● 팔라펠 **Falafel**

호무스라는 콩을 갈아서 호두정도 크기로 경단을 만들어 기름에 튀긴 것을 팔라펠이라고 부릅니다.

기름에 튀긴 피타의 끝을 자르고 팔라펠 6개 정도와 야채샐러드 등을 넣어 소스를 적당히 뿌려 먹기도 합니다.

● 슈와르마 **Shuarma**

양고기를 구워서 만든 것으로 일반적으로 팔라펠 가게 앞에 빙글빙글 돌아가고 있는 것입니다.

주문하면 돌고 있는 그릴의 고기를 잘라 피타에 넣어주는데,

여기에 감자 프라이드와 야채샐러드를 함께 넣어줍니다. 먹는
방법은 팔라펠과 비슷합니다.

● 특별식단 **Special Diets**
이스라엘의 호텔이나 식당에서는 여행객의 요청에 따라 저지방,
저염분, 채식식단 등을 제공합니다.
이스라엘의 대부분의 도시에는 건강식품점이 있으며, 포장에
각종 영양성분을 정확하게 표기하도록 되어 있습니다.
이스라엘의 수돗물은 음료수로서 완벽하게 관리되고 있습니다.

● 코셔르 **Keeping Kosher**
이스라엘에서는 유태교 율법에 따라 코셔르(Kosher)라고 하는
음식물 제한규정이 있는데, 돼지고기나 조개류 등은 코셔르
식당에서 금지되어 있으며, 육류와 유제품을 함께 먹거나 같은
그릇에 담지 못하도록 하고 있습니다. 따라서, 코셔르
식당에서는 특히, 점심과 저녁때 버터 등 유제품을 요청하거나
반입하지 않도록 해야 합니다. 한편, 이스라엘식 아침 식사
시에는 소시지 등 육류식품이 제공되지 않는다는 것을 이와
관련하여 참고할 수 있습니다

기본생활정보 – 단체여행

이스라엘에서는 관광부에 등록된 많은 여행사들이 단체
여행을 추진, 운영하고 있으며, 여행일정과 비용은 관광부에
서 정부의 지도로 감독하고 있어 여행객들을 보호하고 있습
니다. 단체여행의 경우에는 이스라엘 정부에서 공식적으로
인정하는 여행 가이드가 필수적으로 동행하며 주요 도시와

관광 순례여행지를 안내하는데, 작은 규모의 단체여행의 경우엔 정부에 등록된 소형차량이나 소형버스를 직접 운전하며 안내하는 가이드와 함께 여행일정을 이끌어 갈 수 있습니다. 단체여행 신도대표나 각 국내 여행사가 이스라엘 성지순례 내지는 일반여행을 추진하고자 함에 있어, 보다 더 특별한 현지내용이나 여행 정보를 획득코자 할 경우에는 이스라엘 정부관광국 서울 사무소에 문의하면 손쉽게 문제를 해결할 수 있습니다.

특히 Wizo, Hadassah, 각 대학교, 국회의사당 등은 자체시설에 대한 무료안내를 제공하기도 하고, 예루살렘 등 대도시에서는 도보여행 프로그램을 운영하고 있으므로, 이러한 사항들에 대한 자세한 내용도 이스라엘 정부 관광국 서울사무소에서 확인하여 현지 여행사에 수배를 부탁하면 내용이 알찬 여행을 계획할 수 있습니다.

● 이스라엘 정부 관광국 서울사무소
서울특별시 종로구 수송동 146-1 이마빌딩 400-36호
Tel : (02)733-1021-7, 738-0882

주요 축일 및 행사 – 주요축일

안식일 및 휴일 (The Shabbath and Holidays top)

이스라엘에서는 안식일을 철저하게 지킵니다. 따라서 금요일 오후부터 토요일 저녁까지는 모든 유대인 상점, 공공기

관, 공공교통수단 등이 운행정지 되므로 이점 유의해야 합니다. 그러나 택시, 일부식당, 나이트클럽 등은 운영되는 곳이 있기도 합니다. 이스라엘에서는 휴일을 유대달력에 적용하므로 매년 양력 휴일 날짜가 바뀝니다. 일부 휴일의 경우 안식일과 같이 공공기관이 쉬게 되므로 참고하여야 합니다.

이스라엘의 휴일								
구분	1999	2000	2001	2002	2003	2004	2005	2006
부림절(Purim)	3.2	3.21	3.9	2.26	3.18	3.7	3.25	3.14
유월절 (Passover)	4.1- 4.7	4.20- 4. 26	4.8- 4.14	3.28- 4.3	4.17- 4. 23	4.6- 4. 12	4.24- 4.30	4.13- 4.19
유대인 학살 추모일(Holocau st Memorial Day)	4.13	5.2	4.19	4.9	4.29	4.18	5.8	4.25
현충일 (National Memorial Day)	4.20	5.9	4.26	4.16	5.6	4.25	5.12	5.2
독립기념일 (Independence Day)	4.21	5.10	4.27	4.17	5.7	4.26	5.13	5.3
오순절(Shavuot)	5.21	6.9	5.28	5.17	6.6	5.26	6.13	6.2
단식일 (Tisha B Av)	7.22	8.10	5.26	6.13	6.2	7.27	8.14	8.3
유대설날 (Rosh Hashana)	9.11- 9.12	9.30- 10.1	9.18- 9.19	9.7- 9.8	9.27- 9.28	9.16- 9.17	10.4- 10.5	9.23- 9.24
속죄일 (Yom Kippur)	9.20	10.9	9.27	9.16	10.6	9.25	10.13	10.2
초막절(Succot)	9.25	10.14	10.2	9.21	10.11	9.30	10.18	10.7
토라축일 (Simchat Tora)	10.2	10.21	10.9	9.28	10.18	10.7	10.25	10.14
하누카 (Channukah)	12.4- 12.11	12.22 - 12.29	12.10 - 12.17	11.30 - 12.7	12.20 - 12.27	12.8- 12.15	12.26 - 1.2	12.16 - 12.23

‖ 유대인이 사용하는 ‖

현대 히브리어 회화

2001년 6월 25일 1판 1쇄 발행
2005년 3월 25일 1판 2쇄 발행
2013년 5월 30일 1판 3쇄 발행
2020년 8월 25일 1판 4쇄 발행
저   자 윤상문
발행자 심혁창
편집위원 원응순 이영규
디자인 홍영민
마케팅 정기영

펴낸곳 도서출판 한글
우편 04116
서울특별시 마포구 신촌로 270(아현동)
수창빌딩 903호

☎ 02-363-0301 / FAX 362-8635
E-mail : simsazang@daum.net
창   업 1980. 2. 20.
이전신고 제2018-000182

* 파본은 교환해 드립니다
* 정가 20,000원
*
ISBN 97889-7073-001×5-93790